ROBINET DE CLÉRY

LES ILES NORMANDES

PAYS DE HOME RULE

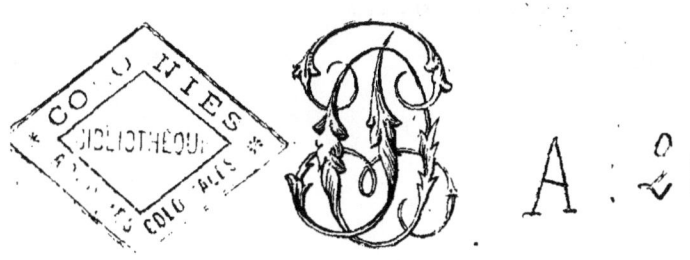

PARIS
PAUL OLLENDORFF, ÉDITEUR
28 bis, RUE DE RICHELIEU, 28 bis

1898
Tous droits réservés.

LES ILES
NORMANDES

PAYS DE HOME RULE

DU MÊME AUTEUR

Essai de transcription hypothécaire dans les tribus du Tell algérien (Tissier, Alger, 1869).

Les magistrats bourguignons au Parlement de Metz et au Conseil souverain d'Alsace (Darantière, Dijon, 1871).

La question de Chambord au point de vue du droit (Victor Palmé, 1886).

Les Avant-postes pendant le siège de Paris (Victor Palmé, 1887).

Des droits et obligations du parquet, agent du gouvernement (Marpon et Flammarion, 1888).

Lasalle. D'Essling à Wagram (Berger-Levrault, 1891).

En Tyrol (Paul Ollendorff, 1897).

Tous droits de reproduction et de traduction réservés pour tous les pays, y compris la Suède et la Norvège.

S'adresser, pour traiter, à M. Paul Ollendorff, éditeur, rue de Richelieu, 28 *bis*, Paris.

LES ILES NORMANDES

I

Jersey et le bailliage de Guernesey. — L'écusson de Guernesey. — Les temps préhistoriques. — Le cataclysme qui a formé l'archipel normand.

Les Iles Normandes ont une place à part dans les possessions de l'Angleterre. Elles ne font pas partie du Royaume-Uni; elles ne sont pas non plus une colonie anglaise. Elles sont ce qui reste à l'Angleterre de l'ancien duché français de Guillaume le Conquérant.

Placées à l'entrée de la Manche, en vue de nos côtes, presque au débouché de notre port militaire de Cherbourg, visitées comme un lieu de plaisance et comme un but de charmantes excursions, reliées aux ports de Normandie et de Bretagne — Cherbourg, Granville, Saint-Malo, Saint-Brieuc, Binic, — par de nombreux services de bateaux à vapeur, devenues souvent le refuge des victimes de nos discordes politiques, elles offrent aux Français un sujet d'étude d'autant plus attachant que leur langue y a été conservée et que leurs anciennes lois coutumières y ont laissé des traces profondes. Un doux climat, des mœurs faciles, une grande liberté sans désordre, l'absence presque complète de droits de douane et d'impôts indirects font des principales de ces îles — Jersey, Guernesey, Sercq et Auregny — une sorte de paradis terrestre. Plus que partout ailleurs, avec une simplicité et une économie sans exemple, le *self-government* y a fait des merveilles. La place qu'occupent ces îles sur la carte des possessions anglaises est bien peu de chose : « *trois ou quatre pots de fleurs dans une pièce d'eau,* » a dit un homme d'État anglais. Mais par la sagesse de leur population, l'esprit pratique de leurs institutions, les exemples qu'elles donnent aux plus puissants États, elles sont un honneur pour la civilisation [1].

Pour tout ce qui touche à la constitution, à la législation, aux questions politiques et ecclésiastiques, à l'administration de la justice, les îles

---

[1] « Cette île (Jersey) avec une population peut-être plus dense qu'elle ne l'est en aucun lieu du monde, sans montrer la misère, avec ses maisons et leur encadrement de bosquets et de verdures, habitations presque contiguës sur les routes et même les *lanes*, cette île réalise en grande partie un rêve que font souvent les amis de l'humanité, le rêve qui montre la campagne habitée, la route changée en rue, l'homme vivant à la fois dans la société et la nature et jouissant de sa place au soleil dans une plus égale répartition du sol. » — (Le Héricher. *Jersey monumental et historique.*)

du Canal (Channel-Islands) sont divisées en deux groupes. L'île de Jersey constitue à elle seule un groupe ayant son gouverneur, ses États, sa Cour royale. Guernesey, Alderney (Auregny), et Sercq, avec Herm et les petites îles adjacentes, composent ce que l'on appelle le bailliage de Guernesey. Les diverses îles de ce bailliage ont des institutions qui ne sont pas identiques. L'île de Sercq, quoique ressortissant à la cour royale de Guernesey, forme pour tout le reste un petit État indépendant, gouverné par son seigneur et par quarante notables.

Malgré cette diversité des institutions actuelles, les îles de la Manche ont dû avoir à l'origine le même régime « Parties sans doute d'institutions semblables, dit David Thomas Ansted dans un savant ouvrage sur les îles du Canal publié à Londres en 1862, il est curieux d'observer combien largement les deux principales îles ont divergé. Chacune, cela est vrai, a son lieutenant gouverneur, ses baillis et juges, son doyen, son Assemblée d'États et sa Cour royale, mais les droits et privilèges des principaux officiers et assemblées varient excessivement, et cela n'est pas seulement dans les temps modernes, mais depuis une très ancienne période. »

Le président de la Cour royale, qui préside en même temps les États et qui est la plus haute autorité civile dans les îles, s'appelle à Jersey du vieux nom de bailli, et baillif à Guernesey.

Jersey et Guernesey ont les mêmes armoiries — de gueule à trois léopards passant — c'est-à-dire les armes mêmes des rois d'Angleterre. Celles de Guernesey sont surmontées d'une touffe de laurier qui n'existe pas dans celles de Jersey. D'où vient cette différence ? Elle a donné lieu à diverses légendes manifestement erronées.

Les uns ont voulu en faire une sorte de cimier d'honneur octroyé aux Guernesiais au sujet d'un des épisodes les plus émouvants de l'histoire de France et d'Angleterre. La fille du roi René, duc d'Anjou, duc de Lorraine et de Bar, comte de Provence, — Marguerite d'Anjou, — avait épousé Henri VI, roi d'Angleterre. On connaît ses malheurs. « Ravissante d'esprit, de beauté et de grâces... un seul de ses sourires suffisait à charmer tout ce qui approchait d'elle [1]. »
« C'était, dit dom Calmet, une princesse d'un courage, d'une grandeur d'âme et d'une vertu qui égaloient sa naissance. » Elle avait quitté la capitale de la Lorraine au milieu de fêtes pompeuses, laissant derrière elle des regrets universels. « Les noces furent célébrées à Nancy avec

---

[1] Comte de Quatrebarbes. *Œuvres du roi René.*

toute la magnificence possible. Le roi de France qui s'y trouva avec toute sa principale noblesse et l'élite de ses troupes contribua beaucoup à leur éclat. Il y étoit venu pour assiéger la ville de Metz avec ses forces réunies à celles du roi René [1]. » — « Au partement d'icelle furent faictes moult belles joustes, et joustèrent le Roy même (Charles VII) et le Roy de Cecille (le roi René [2]). »

Martial d'Auvergne avait décrit en vers son départ :

> Son père et elle si pleurèrent
> Quant ce vint à l'embrassement,
> Et à peine ung seul mot parlèrent,
> Tant sentoit leur cueur grant tourment.
>
> Lors les dames et damoiselles
> La vinrent au partir baiser,
> Dont avoient douleurs si cruelles
> Qu'on ne les sçavoit apaiser.
>
> A tant print congié et partit,
> Et la feste qu'on avoit faicte
> Lors en larmes se convertit ;
> Las ! quelle lyesse est parfaicte.

Ces larmes n'étaient que le prélude de toutes celles que Marguerite devait verser. Mal protégée par le faible roi Henri VI, elle dut une première fois quitter l'Angleterre, emmenant avec elle son fils âgé de huit ans.

[1] Dom Calmet.
[2] Monstrelet. *Chronique de Lorraine.*

Pierre de Dreux-Brézé, grand sénéchal de Normandie, se passionna pour la cause de la reine fugitive. Celle-ci lui accorda le gouvernement des îles normandes. Pierre de Dreux-Brézé qui tentait de son côté une descente en Angleterre envoya un de ses officiers, le capitaine Floquet, pour prendre possession de son gouvernement.

En face des côtes de France s'élevait dans l'île de Jersey une forteresse bâtie sur un rocher escarpé, le château de Montorgueil, dont les ruines imposantes et fort bien conservées sont encore aujourd'hui une des principales attractions de Jersey pour les touristes qui visitent l'île. Le capitaine Floquet s'en empara en 1460 par un coup de main. Ayant ainsi un pied dans l'île, le sénéchal de Dreux-Brézé prit le titre de *Gouverneur des îles de Jersey, Guernesey, Auregny et autres adjacentes en icelles.*

Mais il rencontra une vigoureuse résistance. Le capitaine Floquet ne put se rendre maître que d'une moitié de l'île. L'autre moitié resta au pouvoir de Philippe de Carteret, seigneur de Saint-Ouen, appartenant à une illustre et ancienne famille normande dont le nom se rencontre à toutes les époques de l'histoire des îles. Acculé à la rive occidentale, Carteret fit appel aux Guernesiais, reprit peu à peu l'offensive, et après plusieurs années de luttes, en 1467, la garnison française de Montorgueil, affamée et privée de secours, fut forcée de capituler. Henri VI était depuis trois ans enfermé à la Tour de Londres ; Marguerite d'Anjou et son fils avaient dû repasser en France. La touffe de lauriers aurait été accordée aux Guernesiais comme témoignage de reconnaissance pour le secours donné à Philippe de Carteret.

D'après une autre tradition, elle daterait de l'époque des guerres civiles et religieuses sous le protectorat de Cromwell. Durant cette période, Jersey tint pour le Roi et Guernesey pour le Parlement. Au triomphe de ce dernier, la touffe de laurier aurait été donnée à Guernesey, par le représentant du Parlement, en commémoration de la fidélité de l'île à sa cause.

Ces deux explications ne sont pas plus exactes l'une que l'autre. Elles sont démenties en effet par un vieux sceau de métal que sir Edgar Mac-Culloch, alors baillif de Guernesey, m'a montré en 1889. La septième année de son règne, c'est-à-dire en 1279, le roi Edouard Ier d'Angleterre envoya un sceau public à chacun des deux baillis de Jersey et de Guernesey. Ces sceaux étaient accompagnés d'une lettre en latin où il était dit : « Tandis que nos sujets des îles sus-dites avaient jusqu'ici fréquemment subi diverses pertes et non petits dangers, tantôt sur mer par bris de navires, tantôt sur terre par déprédations et autres risques de voyages, par cette raison spécialement que dans ces îles nous n'avons pas eu jusqu'à ce temps de sceau avec lequel les écrits des hommes de ces pays puissent être certifiés, et leurs propres transactions expédiées sur place..... » D'où la sollicitude du roi Edouard et l'envoi des sceaux. Celui de Guernesey existe encore. Il correspond exactement à une empreinte apposée sur un acte, conservé aux archives de l'île, qui porte la date de 1315. Son authenticité est ainsi bien établie. Il est en métal. L'écu *surmonté par un bouquet de laurier* porte trois léopards ou lions passant, grossièrement exécutés. Il est entouré de ces mots en caractères gothiques : S. BAILLIVIE INSULE DE GERNEREYE.

La touffe de laurier est donc de beaucoup antérieure à l'expulsion des Français par Philippe de Carteret et à la part que les Guernesiais ont pu prendre à ces luttes. A plus forte raison existait-elle bien avant l'époque du protectorat de Cromwell.

Peut-être n'est-elle qu'un simple ornement n'ayant pas l'importance que lui ont attribuée les archéologues.

L'histoire des Iles Normandes se perd dans la nuit des temps. Ses moindres détails sont l'objet d'études très consciencieuses. A Jersey une association scientifique et littéraire, ayant pour but l'étude de l'histoire, de la langue, des antiquités de l'île et leur conservation, ainsi que la publication de documents historiques, s'est formée sous le titre de *Société Jersiaise*. Les États lui ont accordé, avec la sanction de la Reine, le 15 décembre 1879, un acte d'incorporation, avec droit de se servir d'un sceau spécial, d'acquérir des biens meubles et immeubles, de recevoir des dons et legs et d'ester en justice.

Une société semblable a été fondée à Guernesey.

Un des derniers baillifs de Guernesey qui a laissé une grande renommée — sir P. Stafford Carey, — patronnait avec beaucoup de sollicitude la *Société Guernesiaise*.

1.

Le 26 octobre 1870, il donna à la salle Clifton de Saint-Pierre Port une conférence sur l'histoire de Guernesey qui fut imprimée : elle forme une petite brochure devenue rare aujourd'hui.

« Au delà de l'histoire écrite, dit ce savant magistrat, il y a une histoire qui n'est pas écrite, vers laquelle l'attention des hommes érudits a été dirigée depuis bien des années. Nous possédons ici ce que nous appelons des monuments celtiques ou druidiques... Les druides sont des personnages très respectables, mais il est grandement à douter qu'ils les aient érigés... Ces restes nous transportent à une époque très éloignée. Dans les pays sauvages il y en a d'érigés encore aujourd'hui : d'autre part dans les vieux pays civilisés de l'Orient, ils sont d'une extrême antiquité, parce qu'ils ont précédé les civilisations que nous appelons anciennes. Ici nous pouvons dire que les nôtres sont entre les deux. Quelle est la date des nôtres ? Nous n'en savons rien ; ils ont été bâtis avant l'histoire écrite ? C'est celle de Jules César, ses commentaires de la conquête des Gaules. Mais avant lui nous avons joui du commerce des Phéniciens qui allaient chercher l'étain en Angleterre.

« De leur temps déjà le métal était connu. Le fait important est que ces monuments sont antérieurs à l'usage du métal, non seulement antérieurs à celui du fer, mais à celui du cuivre. La raison de l'emploi du cuivre en premier lieu vient de ce qu'on le trouve à l'état naturel, tandis que le fer réside dans une pierre qui exige pour l'en retirer l'usage d'un feu très fort. La découverte du fer est donc plus moderne que celle du cuivre.

« J'ai dit que nos monuments sont antérieurs à l'un et à l'autre... Les grands monuments qui frappent les yeux ne sont pas les seuls restes de ce peuple. Près de la baie de l'Erée, il y a une péninsule, celle de la chapelle Dom Hue, presqu'île juste au-dessus de la mer, couverte de gazon. Vous trouverez un petit éclat de caillou, de silex, comme un éclat de bouteille brisée, mais poursuivez votre chemin, vous trouverez d'autres éclats, il y en a partout... On voit de suite qu'ils ont été faits par la main de l'homme, qu'une opération a eu lieu. Ils ne sont pas là par accident. Quel est leur objet? C'est peut-être pour la guerre ou la chasse, la pêche ou l'agriculture. Et quand ces choses ont été fabriquées, quelle était alors la grandeur de l'île? La presqu'île est dans une forêt qui a été submergée. L'île était alors bien plus étendue... »

Quel mystère que celui de ces populations préhistoriques couvrant un sol bouleversé depuis par d'épouvantables cataclysmes !

« On a trouvé, continua Sir P. Stafford Carey, dans le comté de Sussex des éclats semblables, démontrant l'existence d'une fabrique de ces instruments, laquelle doit avoir été à une grande distance. Il y a un autre fait très intéressant; il n'y a pas de ces cailloux dans cette île; ils ont donc été tous apportés de loin. Il est à remarquer aussi que le Sussex n'est pas un pays de chaux; ils y ont été apportés aussi. Ils ont été fabriqués pour quelque but social et ils prouvent l'existence d'un commerce lointain. Tout cela découle d'un caillou trouvé sur la plage !...

« Quelle était la race qui existait ici alors ? Nous n'en savons rien ou très peu, quelques crânes seuls restant pour constater son existence. Voilà le premier pas dans notre histoire. »

Plusieurs de ces anciens monuments ressemblent aux menhirs et aux cromlechs de Bretagne. Il en existe dans toutes les îles. A Jersey et à Guernesey, quelques-uns sont particulièrement remarquables.

A l'extrémité nord de Guernesey, faisant face à l'Angleterre, se trouve la baie de l'Ancresse, véritable nécropole celtique. De très nombreux vestiges de sépultures, en grande partie enfouies dans les sables, se remarquent autour du vaste cercle formé par cette baie.

La plus importante de toutes, l'*Autel des Vardes*, découverte fortuitement par des soldats en 1811, a été déblayée en 1837 et 1838 par le docteur Lukis. Son fils, le capitaine Lukis, douzenier de Saint-Pierre Port, conserve dans un musée privé les vases, les armes de pierre et les ossements trouvés dans un de ces monuments mégalithiques. Les mâchoires humaines, qui ont conservé toutes leurs dents, révèlent une race puissante et saine. Ce lieu de sépulture à la partie septentrionale de l'île, dans des sables fouettés par les vents de l'Océan, mais ayant pour sous-sol le granit indestructible de Guernesey, était merveilleusement choisi. Que d'événements se sont passés, que de siècles se sont écoulés avant que les recherches des savants soient venues troubler dans leur dernier asile les vieux guerriers celtes qui reposaient sous ces pierres gigantesques !

Depuis lors les Romains ont certainement occupé les Iles Normandes. Jersey est appelé *Cœsarea* dans l'itinéraire d'Antonin. On montre au château de Montorgueil quelques pans de muraille qui portent le nom de *Tour de César*, « mais l'archéologue, dit Théodore Le Cerf dans son *Archipel des Iles Normandes,* n'y saurait voir les traces de l'appareil employé dans les constructions romaines. » La découverte de quelques médailles confirme cependant le fait de l'occupation romaine qui, d'après le baillif Stafford Carey, aurait duré plusieurs siècles.

Les Romains avaient disparu lorsque cette partie des côtes de l'Océan fut bouleversée par une grande catastrophe.

S'il est une étude à la fois attachante et irritante, c'est celle des événements mystérieux que l'histoire n'a pas enregistrés, et sur lesquels aucune découverte nouvelle ne peut désormais apporter la lumière. Les traditions n'ont trop souvent ni précision, ni certitude. Les légendes, nées de la crédulité humaine et de l'amour du merveilleux, ne peuvent qu'égarer. Et cependant l'observateur retrouve sur le sol des traces matérielles que le temps n'a pas réussi à effacer, témoignages irrécusables des problèmes historiques à résoudre.

Nulle part cette impression n'est plus vive, avec le sentiment amer de l'impuissance de l'esprit humain à rechercher les faits perdus dans la nuit des siècles écoulés, que dans cet archipel voisin de nos côtes de Normandie et de Bretagne, qui est devenu un riant séjour de plaisance.

Il y a plus de mille ans, un cataclysme effroyable s'y est déchaîné. La légende du roi d'Ys n'est pas une fiction. Des masses rocheuses, détachées du continent, sont devenues des îles. Des îles elles-mêmes, cédant à l'assaut furieux de l'Océan, se sont morcelées, subdivisées, les plus vastes débris restant habitables, les autres formant des îlots de granit ou des récifs. La configuration du continent a été profondément modifiée. La mer qui baigne les côtes de Bretagne et de Normandie entre le cap Fréhel et la pointe de la Hague n'est pas une mer ordinaire ; c'est un pays submergé.

L'évidence est saisissante pour le voyageur qui, se rendant de Cherbourg à Guernesey, traverse, au sortir du port d'Auregny, l'étroite passe du *Swinge*, que notre ignorance et notre manie d'altérer les noms étrangers nous ont fait baptiser du nom absurde : Passe du *Singe*.

Entre Auregny et la petite île de Burhou, la mer se précipite en un courant violent. Sur toute la ligne, elle se brise contre des rochers de granit. Quelques-uns se dressent à une grande hauteur au-dessus de l'Océan, dernier vestige des pays dont, depuis longtemps, les arbres et la terre végétale ont été emportés par les eaux. Au nord, c'est Ortach, isolé au milieu de l'Océan ; ce sont les Casquets, de sinistre mémoire, où a été englouti avec sa cour, le 25 novembre 1120, le fils du roi Henri d'Angleterre, écueil aujourd'hui couvert d'un immense phare à trois tours. Au sud, ce sont les roches imposantes qui forment une ceinture si pittoresque à l'ouest et au sud d'Auregny.

C'est dans ce dangereux passage que périt tout récemment un vapeur du port de Rouen, *la Ville de Malaga*.

« Il ne peut y avoir de doute, dit M. John Linwood Pitts dans son *Guide-Causerie* sur Guernesey et son bailliage, qu'à une certaine époque, les Iles du Canal étaient réunies au continent de France, mais cela était longtemps avant la période historique. Il existe encore d'anciennes cartes françaises qui montrent Jersey comme faisant partie d'une grande péninsule se détachant de la côte actuelle de Normandie. Guernesey, Sercq, Herm et Jethou sont représentés à la même époque comme formant ensemble une grande île, tandis qu'Auregny était compris dans une plus petite presqu'île formant le prolongement de ce qui est aujourd'hui le cap de la Hague. Il y a aussi des manuscrits relatifs au monastère du Mont-Saint-Michel, qui nous apprennent qu'au vi^e siècle, le district de Jersey n'était séparé de la terre ferme de Coutances que par un ruisseau étroit, sur lequel une simple planche formait un pont. Les habitants étaient obligés de maintenir ce pont en bon état de réparation, pour que l'archidiacre de l'église métropolitaine pût le traverser dans ses visites périodiques. Les anciens chroniqueurs rapportent qu'un grand cataclysme se serait produit en mars 709, et un autre en octobre 842 — le dernier s'étant renouvelé après un intervalle d'une semaine — et il est généralement admis que ces perturbations extraordinaires auraient gravement altéré la conformation de l'archipel. Il y a aussi plusieurs légendes celtiques de villes submergées et de forêts noyées sur plusieurs points de la côte de Bretagne, notamment l'ancienne forêt de Scissy, près de Saint-Malo. Des débris en ont été souvent trouvés. A Guernesey, nous avons dans la baie de Vazon, sur notre côte ouest, un très remarquable lit de tourbe entremêlée de racines d'arbres... »

Un Français réfugié à Jersey pendant le second Empire, M. Auguste Desmoulins, raconte dans une étude intéressante sur Jersey, qu'un ancien village appelé Saint-Estienne-de-Paluel aurait été aperçu sous les eaux, à la suite d'une grande marée et d'une violente tempête, le 9 janvier 1735. « La mer, dit-il, se retira si loin et nettoya tellement la fange qui couvrait Saint-Estienne-de-Paluel, qu'on distingua encore les rues de ce bourg et jusqu'aux ornières que les charrettes y avaient tracées autrefois. Ce jour-là même, on retira de cet endroit des ustensiles de ménage et des vases d'étain [1]. »

Un vénérable octogénaire, M. Barbanson, alors juge président de la cour d'Auregny, aujourd'hui décédé, m'a affirmé en 1889, avoir vu de ses yeux, sur le sable d'une des baies de son île, un arbre énorme arraché du fond de la mer par une tempête.

A plusieurs reprises, la mer a continué ses ravages.

L'île des Ecrehös, entre Jersey et la France, donnée en 1163 aux moines du Val-Richer, avait alors, d'après les chartes du temps, des habitants et une chapelle. Elle n'est plus qu'un amas de rochers où vivait seul un vieux pêcheur, mort récemment, connu à Jersey sous le nom de *Roi des Ecrehous*. On voit encore à mer basse des vestiges de l'ancienne chapelle submergée.

Ces grands cataclysmes se seraient étendus beaucoup plus loin. Le révérend Cumming, dans son livre sur l'île de Man, en relève les traces, relativement modernes, qu'il a observées sur plusieurs points du littoral de la mer d'Irlande.

---

[1] Voir également Th. Le Cerf. *L'Archipel des Iles Normandes*.

« Entre les hautes et basses eaux, dit-il, on observe un lit de tourbe épais d'un pied environ; les troncs d'arbres (principalement de frênes et de sapins) y sont encore debout, leurs racines pénètrent profondément dans un terrain d'alluvion de marne sablonneuse de couleur bleue... Il est parfaitement évident que c'est dans ce sol que ces arbres vivaient et croissaient. » Le révérend Cumming qui écrivait en 1848 et qui était vice-principal du collège de l'île de Man ajoutait: « Il y a trente et un ans, d'après le témoignage que j'ai reçu de personnes vivant alors, après une violente tempête de trois jours, le sable situé en face du mont Gawne fut emporté et découvrit un grand nombre de troncs d'arbres, quelques-uns debout, les autres abattus ou couchés vers le nord, comme s'ils avaient été renversés par une violente invasion de la mer. »

Dans la conviction de ce savant auteur, la mer d'Irlande formait autrefois un vaste plateau dans lequel était compris le territoire actuel de l'île de Man. « Pour qui veut se donner la peine d'examiner, dit-il, il est évident que ce plateau réunissait l'Angleterre, le pays de Galles, l'Irlande et l'Ecosse, et qu'à la même époque et de la même manière l'Angleterre était réunie au continent de l'Europe. »

Il est bien certain d'ailleurs que sur les côtes de Normandie, de Bretagne et dans la mer d'Irlande ces transformations ne se sont pas produites d'un seul coup, mais par une série d'événements successifs.

II

L'invasion normande. — Rollon. — La clameur de *haro*.
— La reine Elisabeth, duchesse de Normandie. — La
conversion des Iles au protestantisme. — Les procès de
sorciers. — L'archipel normand, refuge de tous les
proscrits.

Dans sa conférence de 1870, sir Stafford Carey disait : « Nous savons très peu de notre état à cette époque. La mer était remplie de gens qui rôdaient partout, des pirates qui venaient du nord. »

Ces pirates qui venaient du nord, les Normands, allaient transformer toute cette partie du monde civilisé — la Normandie continentale et la Normandie insulaire. « Ils n'ont pas, dit encore sir Stafford Carey, expulsé les habitants, mais ils ont pris ce qu'il y avait de bon et s'y sont établis en seigneurs. Ils ont fixé l'empreinte de leur caractère sur cette partie de la France, mais, chose très singulière, ils ont perdu leur langue et ont pris celle du peuple vaincu. »

C'est cette langue franque, adoptée par les Normands, que parlent encore les populations rurales de Jersey et du bailliage de Guernesey, dans les villages plus que dans les villes, dans l'île de Sercq plus que dans les ports cosmopolites de Saint-Hélier et de Saint-Pierre Port.

Les seigneurs, l'évêque de Coutances et l'abbaye du Mont Saint-Michel se partagèrent le sol, non sans de fréquents conflits.

La Cour royale de Guernesey a fait imprimer en 1889 un manuscrit laissé par Laurent Carey, mort juré justicier en 1769. Cet ouvrage est intitulé : *Essai sur les institutions, lois et coutumes de l'île de Guernesey*. Les circonstances de la conquête normande y sont clairement exposées : « Raoul, conducteur de ces aventuriers, était un seigneur danois, qui, à une valeur héroïque, joignait la sagesse et la modération... S'il était grand capitaine, il n'était pas moins habile législateur. S'il savait mener ses troupes à la victoire, il savait gouverner sagement ses peuples dans la paix et leur procurer l'abondance, le repos et la tranquillité. Il était juste, équitable, mais sévère envers les méchants et les perturbateurs du repos public. Par les beaux règlements et la bonne police qu'il établit dans son nouvel état, chacun jouissait paisiblement de ses possessions. Les laboureurs laissoient leurs charrues dans les champs sans crainte des larrons ; et même longtemps après sa mort, il ne se trouva personne en Normandie qui osât commettre le crime de vol. »

Le traité de Saint-Clair-sur-Epte avait donné à Raoul ou Rollon, avec la Normandie, toutes les îles qui en dépendaient. Il laissa de son gouvernement des souvenirs qui ne sont pas effacés. Sans être d'un usage fréquent *la clameur de Haro* (Ah ! Rou ! A moi Rollon !), abolie par les États de Normandie en 1583, n'a pas disparu de la procédure devant les Cours royales de Jersey et de Guernesey. D'après M. G. Larroumet, « lorsque fut construit en 1870 le petit chemin de fer de Jersey, un propriétaire qui ne voulut pas céder son terrain épuisa toutes les juridictions. Il perdit sa cause ; mais le jour de l'inauguration, au moment où le train allait entrer sur sa terre, il se mit à genoux au milieu de la voie, les bras étendus, en criant : « Haro ! haro ! à moi, mon prince, on me fait tort ! » Le train s'arrêta ; l'affaire fut instruite à nouveau ; il fallut réintégrer le clamant dans son bien et dévier la ligne. »

Ce qui est certain, c'est que dans le tableau des honoraires de la Cour royale de Guernesey, voté par les États de l'île et approuvé par un Ordre de la Reine en son conseil privé, qui a été enregistré le 1ᵉʳ décembre 1888, figure cette mention :

« Il sera payé à M. le baillif :

« Pour signature d'une clameur de haro — 5 schellings. »

— « Voici, dit Théodore Le Cerf, avec quelle solennité la procédure de haro s'intente dans le bailliage de Guernesey :

« Le plaignant, soit par lui-même, ou son *attourné*, se présente assisté de deux témoins sur le lieu où se commet l'envahissement, et dit :

« Au nom de la Reine, je vous adjure de cesser ce travail sur ce terrain qui est mien.

« Je jette sur vous la clameur de Haro. »

« Puis l'attourné et les deux témoins disent la prière de *Notre Père* et s'en vont.

« Le haro ainsi crié, les travaux doivent cesser immédiatement. — Dans les vingt-quatre heures l'acte qui en est dressé doit être déposé au greffe de la Cour du bailliage ; le réclamant est tenu d'y donner suite, sous peine d'amende envers la partie dont il interrompt les travaux. Ces causes, en raison de leur nature, sont jugées dans la huitaine. »

Comme l'antique clameur de haro, toutes les coutumes de Normandie se trouvèrent applicables aux Iles du Canal.

Lorsque Philippe-Auguste réunit la Normandie à la couronne de France, ces îles restèrent au pouvoir du roi d'Angleterre. Elles en profitèrent pour s'assurer une grande indépendance sous la suzeraineté éloignée des souverains descendant de leurs anciens ducs. Leurs coutumes furent constatées par différentes enquêtes et la couronne d'Angleterre s'est toujours engagée à les respecter. Aujourd'hui encore, c'est comme duchesse de Normandie que la reine d'Angleterre est souveraine de Jersey et du bailliage de Guernesey.

Au siècle dernier, le juré justicier Laurent Carey écrivait :

« Guillaume le Conquérant ayant subjugué l'Angleterre, il ajouta ce royaume à ses autres États et devint tout à la fois roi d'Angleterre, duc de Normandie et comte du Maine... Les rois d'Angleterre ne sont devenus nos souverains que parce que Guillaume le Conquérant subjugua ce royaume et qu'il en réunit le gouvernement à celui de la province de Normandie sous un même chef. Mais cette isle n'est pas devenue par là une dépendance du royaume d'Angleterre; elle n'est point un de ses conquets et ne lui a jamais été formellement ni tacitement unie. Elle est toujours demeurée au reste des États que le conquérant possédoit en Normandie lorsqu'il conquit l'Angleterre, et par conséquent elle ne peut être censée faire partie de ce royaume, parce que la Normandie n'est jamais devenue une province anglaise; au contraire, s'il y a quelque distinction à faire entre ces deux États, on peut dire, en toute vérité, que l'Angleterre est le païs conquis, les Normans (nos anciens compatriotes) avoient plus de droit d'y commander que les Anglais de commander en Normandie.

« Ce n'est point le long espace du temps où la petite étendue de cette isle qui puissent changer la nature des choses, — le principe reste toujours le même, et cette isle n'a point changé sa dépendance ; c'est toujours un reste du duché de Normandie détaché et distinct du royaume d'Angleterre, mais gouverné par un même souverain sous différents titres, Sa Majesté n'aiant, à proprement parler, que le titre de duc en cette isle, quoiqu'en Angleterre il porte celui du roi, et qu'il soit en effet un des plus grands monarques du monde... »

Cette vérité historique ne peut pas être et n'est pas méconnue par la Couronne d'Angleterre.

« Nos bons et fidèles liges sujets, le baillif et les jurés de notre île de Guernesey, dit une charte de la reine Elisabeth, et les autres séjournant dans ladite île et y habitant, aussi bien que ceux de nos îles d'Aurigney et de Serk *dans le duché de Normandie*, et leurs prédécesseurs, ont de temps immémorial (plus loin que la mémoire d'homme ne peut aller), en vertu de plusieurs chartes, octrois, confirmations, avec des preuves et des certificats des plus amples, de nos illustres aïeux et prédécesseurs, les rois d'Angleterre et *ducs de Normandie* et autres, usé, joui et été en possession d'un grand nombre de droits, juridictions, privilèges, immunités et franchises, librement, tranquillement et sans aucune infraction des mêmes, aussi bien dans notre royaume d'Angleterre que dans les autres parties de nos dominions et autres endroits sous notre sujétion, de ce côté et au delà des mers, par l'aide et l'avantage desquels octrois, les îles et places maritimes susdites ont demeuré loyalement et continué irréprochablement tant dans notre service que dans celui de nos aïeux, et ont joui et continué leur libre commerce avec des marchands tant natifs qu'étrangers, aussi bien en temps de paix qu'en temps de guerre. »

Cet exposé de la reine Elisabeth, écrit au xvi° siècle, est encore un tableau d'une vérité saisissante de la situation actuelle des îles. Leurs populations libres, en pleine possession de leurs franchises traditionnelles, loyalement attachées à l'Angleterre, mais résistant avec une ferme indépendance à toute entreprise qui porterait la moindre atteinte à leurs institutions, continuent leur libre commerce avec les négociants du monde entier. Saint-Hélier, qui aspire à être dans les mers du Nord ce que Venise était jadis dans l'Adriatique, est, dès à présent, le septième port de l'Angleterre.

Cette situation n'est pas unique : il en est de même dans l'île de Man. « Les habitants de l'île de Man, dit Spencer Walpole dans un récent ouvrage *The land of Home Rule*, n'ont pas voix dans le gouvernement du Royaume Uni; ils n'envoient pas de représentants au Parlement impérial; ils ne se mêlent pas des luttes politiques et des changements qui se produisent à Westminster, et, on doit le dire en toute vérité, ils n'ont pas le désir d'y prendre part. Fiers de leurs propres institutions, satisfaits de leur propre indépendance, ils n'ont pas l'ambition de s'immiscer dans les querelles plus importantes de leurs voisins. Ils recueillent les avantages de la protection impériale et de leur union avec l'empire britannique, mais ils ne cessent de rappeler qu'ils ne sont pas Anglais, Ecossais, Gallois, Irlandais, mais citoyens de Man, et que leur premier devoir est pour leur propre nation. Le seul lien qui les unit à l'empire britannique est la Couronne. En propres termes, l'île de Man n'est pas une possession britannique c'est une possession de la Couronne britannique, et quoique la Reine ait une fois seulement touché les rivages de l'île, et que les membres de sa famille ne l'aient visitée qu'à de rares intervalles, il n'y a aucune partie des dominions de Sa Majesté où le peuple soit plus loyalement attaché à sa personne et à sa dynastie. »

Les Iles Normandes ont eu à subir une transformation redoutable : un changement complet de religion. Leurs populations, autrefois catholiques, sont aujourd'hui entièrement protestantes ; les catholiques, qui y sont en infime minorité et y ont d'ailleurs toute liberté d'y célébrer leur culte, sont presque tous d'origine étrangère.

Henri VIII ne paraît pas avoir fait de prosélytisme aux îles. Les premières conversions au protestantisme eurent lieu sous l'influence des réfugiés français. Les protestants étaient nombreux dans le diocèse de Coutances. Forcés d'émigrer, ils furent bien accueillis à Jersey, fondèrent des chapelles, et attirèrent la foule à leurs colloques et à leurs prêches.

Sous Marie la Sanglante, la répression fut

atroce. Les adhérents de la nouvelle religion durent quitter le pays ; le plus grand nombre se réfugièrent à Genève. Le 18 juillet 1556, sous la présidence du baillif Hélier Gosselin, deux femmes furent condamnées à être brûlées vives à Guernesey pour hérésie, « dans la place accoutumée », dit la sentence. L'une d'elles était enceinte et accoucha sur le bûcher. Son enfant fut rejeté dans les flammes.

Deux ans après, Elisabeth succédait à Marie. Les proscrits revinrent de Genève et en rapportèrent les doctrines de Calvin. Révoltés du spectacle des persécutions auxquelles ils avaient assisté, convaincus par la parole ardente de leurs frères revenant d'exil, les habitants des îles embrassèrent en masse le protestantisme. « Changement immédiat, inconcevable, l'île de Guernesey n'est plus catholique, sauf peut-être Hélier Gosselin, le baillif, » dit sir Stafford Carey dans sa conférence de 1870.

Le baillif Guillaume Beauvoir, qui avait été expulsé de Guernesey sous le règne de Marie Tudor, y revint en triomphe et fit respecter avec beaucoup de rigueur la discipline calviniste. La *Nouvelle Chronique de Jersey* en donnait récemment un exemple curieux :

« Au consistoire tenu le 28ᵉ de décembre 1646 à Guernesey :

« Guillaume Le Lacheur, ayant esté fait convenir parce qu'il s'absentoit des presches ordinairement le jour du dimanche, icelui y ayant comparu n'a fait que se mocquer de la compagnie, et disoit que le pasteur s'en absentoit bien, et qu'on se pouvoit passer de lui au consistoire, avec plusieurs propos irrévérents, sur ce a esté ordonné qu'il sera suspendu de la Cour prochaine. »

Il en était de même à Jersey :

« Consistoire tenu le 26ᵉ jour de mars 1624, en présence du ministre et des anciens, à Jersey :

« Jacques Le Pastourell, ayant esté fait convenir au consistoire pour la troisième fois, parce que le dit consistoire avoit esté informé qu'il hantoit les compagnies de débauchés, comme danser et jeux de cartes, mesures hors de la Paroisse, ledit y ayant convenu, avec arrogance et mépris de la compagnie, disant qu'il ne laisseroit pas d'aller à tels ébatz sans en demander à personne, et que c'estoit par fantaisie qu'on le faisoit venir au consistoire, avec plussieurs aultres parolles d'arrogance, ledit ne voullant consentir à aulcune raison, a esté retranché de la Cène pour ce quartier, et après la Cène, la compagnie y advisera sellon qu'il sera trouvé convenable. »

Le même journal donnait les formules d'excommunication et d'absolution usitées à cette époque parmi les protestants des îles :

« En la vertu et autorité de nostre Sauveur Jésus-Christ, et par la sentence du colloque, et du consentement de cette Église, Tel (le nommant s'il est présent) je vous excommunie au nom du Père, du Fils et du Saint Esprit, et vous déclare et retranche de tous les droits et privilèges de l'Église... »

« Je vous absous de tel crime (nommant le péché par lui commis) et vous déclare remis et restably au nom du Père et du Fils, etc. ; estant certain que vous estant absous par moi ici bas en terre, Dieu vous tiendra pour absous au ciel. »

Cet excès de zèle du début s'est tempéré. On ne peut pas dire que les Jersiais et les Guernesiais aient obéi à l'influence du gouvernement anglais en embrassant en masse le protestantisme et en lui restant fidèles depuis plus de trois siècles. La suprématie spirituelle du souverain temporel d'Angleterre heurtait leurs sentiments d'indépendance et était en contradiction avec les doctrines calvinistes rapportées de Genève. Aujourd'hui encore, l'Église anglicane n'est acceptée que par une moitié des protestants des îles ; l'autre moitié au moins appartient à des sectes dissidentes et surtout à la doctrine wesleyenne.

Lors de la révocation de l'édit de Nantes, les émigrés français reçurent le meilleur accueil de ces communautés prospères. A cette époque les protestants étaient florissants en Normandie, à Saint-Lô et à Coutances. Ils passèrent aux îles et ils y transportèrent leurs belles manufactures de toiles, qui furent établies depuis en Angleterre.

L'attachement des habitants des îles pour le protestantisme les fit adhérer avec empressement à l'avènement du roi Georges Ier. Le 12 août 1712, lorsque le successeur de la reine Anne fut proclamé à Guernesey, le président de la Cour dit dans son allocution : « L'avenir étoit obscur et menaçant, et la malice et l'orgueil et l'arrogance des ennemis de l'État et de notre religion étoient montés à un si haut comble qu'il sembloit qu'ils étoient venus au-dessus de leurs desseins ; que leurs projets ne pouvoient manquer de réussir et qu'il ne dépendoit que de leur volonté de les mettre à exécution. Mais ces noirs et sombres nuages sont heureusement dissipés. » Il exprima le vœu que le roi Georges I*er* fut « l'appui et le défenseur de ses sujets, le pilier et l'arc-boutant de la religion anglicane, ainsi qu'elle est établie par les loix, le protecteur des églises protestantes qui subsistent encore et le glorieux libérateur de celles qui sont dans les fers et sous la croix. »

« Les cloches, dit Laurent Carey, sonnèrent tout le jour, qui finit par des feux de réjouissance et des illuminations qui durèrent jusques bien avant dans la nuit... Les habitants, de leur propre mouvement, proclamèrent Georges I*er* pour souverain, qu'on peut par cette raison regarder comme un Prince de leur propre choix. » Ils l'ont reçu, ajoute-t-il, « avec joie et par réflexion ».

Chose singulière ! ce pays qui a donné tant de gages à la liberté religieuse n'en a pas moins partagé un des préjugés les plus atroces de l'esprit d'intolérance et de persécution. Comme l'inquisition d'Espagne, comme les jésuites d'Allemagne et du Tyrol, les protestants de Guernesey ont eu leurs procès de sorciers, des bûchers et des innocents immolés à la superstition la plus cruelle et la plus stupide.

On a longtemps cru, on croit encore aujourd'hui aux sorciers à Guernesey. La flamme sinistre des bûchers y a consumé de nombreuses victimes de la crédulité populaire. La maison hantée de

Plainmont, que Victor Hugo a rendue célèbre par une très fidèle et très saisissante description dans les *Travailleurs de la mer*, se dresse au sommet du promontoire sud-ouest de Guernesey comme un signe palpable de cette crédulité.

« Quand l'homme se met à s'effarer, il ne s'arrête point, » a dit l'illustre proscrit, dans ce livre où tout rappelle l'asile admirable où s'est écoulé son long exil.

La crainte superstitieuse des sorciers fit commettre de véritables horreurs.

On peut relever sur les registres de la Cour royale de Guernesey, de nombreuses condamnations pour sorcellerie, sous les règnes d'Élisabeth, de Jacques Ier et de Charles Ier. La dernière est du 16 mars 1634. Une veuve et sa fille étaient poursuivies ; la mère fut pendue et brûlée ; la fille fut condamnée à un bannissement perpétuel.

Il est curieux de reproduire la copie textuelle d'un de ces trop nombreux arrêts. Il a été rendu en 1570 sous le règne d'Élisabeth ; il est porté sur les registres de la Cour royale de Guernesey, sous le numéro 245.

27 octobre 1570. — « Le xxviie jour du mois de octobre mill v^{ct} lxx, par devant Thomas Compton,

baillif, présents ad ce Nicollas de la Court, James Guille, Johanna Blondell, Guillœme Beauvoir, Nicollas Sausmarès, Nicollas Martin, Nicollas Pageot, Nicollas Le Mesurier, Nicollas Careye et Nicollas Trohardy, jurés.

« Michielle Tourtelle est condamnée et adjugge d'estre aujourd'huy bruslée et arse juscques à consommation de cendre pour ses faits et démérytes de avoir iniquement usey de art et sort de sorcherie ainsi que justice a étey deublement informée tant par sa propre confession que par enquête de gens de bien et dignes de foy produits de la part des officiers de la Majesté de la Royne et d'habondant tous ses biens meubles et héritages confiscqués à ladite Majesté de la Royne et y est commandé aulx dits officiers de voer ladite exécution estre faicte ainsi qu'yls en vouldront respondre et en ladite sentence se sont accordés Pierres Henry et Thomâs Effart, jurés, enttant qu'ils sont malades, par leurs opinions données à leurs frères à ce commys après avoir veu leu et perleu tant la confession de ladite Michielle que la procédure des enquestes.

« Jamette du Mareesc, faeme de Lorenz le Gallés, est condampnée et adjugge pour avoir hantey et fréquentey auvec Michielle Tourtell laquelle a estey prouvée sorchière tant par sa confession que par enqueste et pour son maulvais comport et maulvaise renommée de vuyder l'isle dedens le jour de Nouell prochain et en estre banye pour l'espasse de sept ans prochaintz sans y retourner dedens ledit temps, sur peine d'avoir le fouett par la ville, et d'estre forbanye à jamais, et en ladite sentence se sont accordés Pierres Henry et Thomas Effart, jurés, enttant qu'ils sont malades par leurs opinions données à leurs frères à ce commys après avoir veu leu et perleu tant la confession de ladite Jamette que la procédure des enquestes. »

Ces procès étaient fréquents. Quinze jours après, la même Cour rendait un second arrêt non moins atroce et conçu presque textuellement dans les mêmes termes :

10 novembre 1570. — « Le x° j' du mois de novêbre, l'an mill v^{ct} LXX par devant Thoas Coptñ baillyf pnts ad ce Nic^s de la Court, James Guille, John Blondell, Guilloê Beaur, Nicoll de Saùsmares, Nicoll Martin, Nicoll Pageot, Nicoll le Mesurier, Nicoll Careye et Nicolas Trohardy, jurés.

« Lorenche Faleze faê de Henry John est condampnée et adjugge d'estre aujourd'hui bruslée et arse juscques à consommation de cendre pour ses faicts et desmérites de avoir iniquement usey d'art et sort de sorcherie, ainsi que justice a estey deublement infformée par les enquestes de gents de bien et dignes de foy produicts de la part des officiers de la Majesté de la Royne et tous ses meubles et héritages confiscqués à ladite Majesté de la Royne et y est comandé aulx dits officiers de voer ladite exécution estre faicte ainsy qu'ils en vouldront respondre et en ladite sentence se sont accordés Pierres Henry et Thomas Effart, jurés, enttant qu'ils sont malades par leurs opinions données à leurs frères à ce commys après avoir veu leu et parleu la procédure desdites enquestes. »

Les jurés qui rendaient ces abominables sentences étaient de bonne foi. Élus par le vote des habitants et choisis parmi les principales familles de l'île, ils croyaient ce qu'admettait alors l'opinion générale.

Ces malheureuses femmes, soumises à la torture, faisaient des aveux consignés dans des procès-verbaux qui ont été conservés. Ces aveux se ressemblent tous et permettent de reconstituer les scènes de sorcellerie si cruellement expiées. Entraînées par de mauvais sujets qui se noircissaient le visage et qui se couvraient de peaux de bêtes, elles se chargeaient elles-mêmes d'attirer au sabbat de nouvelles victimes de la débauche de ces prétendus démons. Chose triste à dire : la plupart des hommes échappaient aux poursuites ; presque toujours les femmes seules étaient condamnées. De 1563 à 1634, les registres de la Cour royale de Guerseney mentionnent les procès intentés à cinquante-neuf femmes accusées de sorcellerie et à dix-huit hommes seulement.

La confession d'une de ces infortunées, Isabelle Becquet, étranglée et brûlée avec deux autres femmes le 4 juillet 1617, a été reproduite avec plusieurs autres dans l'intéressant ouvrage de M. John Linwood Pitts : *La Sorcellerie dans les Iles du Canal*. Isabelle Becquet était sans doute sincère dans le récit qu'elle faisait des scènes du sabbat : ce récit concorde d'ailleurs avec les autres confessions du même genre.

« Isabelle, femme de Jean le Moygne, ayant esté mise à la question, a tout aussitost confessé qu'elle est sorcière : et que sur ce qu'elle tomba en querelle avec la Girarde, sa belle-sœur, le diable en forme de lièvre print occasion de la séduire : se représentant à elle en plain jour dans une ruë près de sa maison : et là persuadant et incitant de se donner à luy, et que l'aideroit à se venger de ladite Girarde et de tous aultres, à laquelle persuation n'ayant icelle à l'instant voulu condescendre ; aussy tout disparut, mais incontinent luy vint derechef au devant en la mesme ruë, et poursuyvant sa première pointe, l'exhortait aux mesmes fins que dessus : cela fait, ill la laissa et se retira, apres luy avoir, au préalable, mis une pochée de pasnés ; qu'elle portait pour lors, une certaine pouldre noire envelopée dans ung linge qu'il mist, laquelle pouldre elle retint par devers soy. S'aparut à elle une autre fois en mesme forme au territoire de la ville, l'incitant dereschef à se donner à luy, à quoi ne voulant icelle condescendre luy fist adonc requeste de luy donner une beste vive ; lors de ce pas revint chez elle querir ung poullet, qu'elle luy apporta au mesme lieu où l'avait laissé, lequel ill print, et appress l'avoir remerecie luy donna assignation de se trouver le lendemain avant jour au sabath, avec promesse qu'il l'enverrait querir : suivant laquelle promesse, estant la nuittée ensuivant, la vieille Collette du Mont venant la querir, lui bailla de l'onguent noir qu'elle avait eu du diable : duquell (apprès s'estre despouillée) s'oignit le dos, et le ventre, puis s'estant revestuë, sortit l'huis de sa maison : lors fut à l'instant enlevéé :

et transportée au travers hayes et buissons, pres la banque sur le bord de la mer, aux environs du Chasteau de Rocquaine, lieu ordinaire où le diable gardait son sabath ; là où ne fut sytost arivée, que le diable ne vint la trouver en forme de chien avec deux grandes cornes dressées en hault : et de l'une de ses pattes *qui lui sembloyent comme mains,* la print par la main et l'appellant par son nom, luy dist qu'estoit la bien venuë : lors aussytost le Diable la fist mettre sur ses genoux : luy se tenant debout sur ses pieds de derrière : luy ayant fait détester l'Esternelle en ses mots : Je renie Dieu le Père, Dieu le Fils et Dieu le Saint-Esprit ; et fist adorer et invocquer en ses termes : Nostre Grand Maistre aide nous ! avec paction expresse d'adhérer à luy ; que cela fait, ill eut copulation avec elle en la susdite forme de chien, *ung peu plus grand :* puis elle et les aultres danserent avec luy dos à dos : qu'apres avoir dansé le diable versoit hors d'un pot du vin noir, qu'il leur présentoit dans une escuelle de bois, duquell elle beut, toutesfois ne luy sembloit sy bon que le vin qui se boit ordinairement : qu'il y avoit du pain — mais n'en mangea point : confesse qu'elle se donna lors à luy pour ung mois : ainsi retournerent du sabath comme y estoient allés.

« Que seconde fois fut au sabath, appres que

la vielle Colette l'eut esté querir et qu'elle se fist oindre d'onguent cy dessus; — déclare qu'à l'entrée du sabath eut dereschef copulation avec le diable, et dansa avec luy; appres avoir dansé, à sa sollicitation de prolonger le temps, se donna à lui pour trois ans; qu'au sabath le diable faisoit évocation des sorciers et sorcieres par ordre (se souvient tres bien y avoir ouy le diable appeller la vielle Collette, la premiere, en ces termes : Madame la Vielle Becquette); puis la Fallaise; appres la Hardie. Item, Marie, femme de Massy, fille de ladite Collette. Dit appres eux, elle mesme estait évosquée par le Diable, en ses termes : la Petite Becquette; qu'elle y a ouy aussy évosquer Collas Becquet, fils de ladite vielle (lequell la tenoit par la main en dansant, et une que ne cognoist la tenoit par l'autre main) : qu'il y en avoit viron six autres que ne cognoissoit : que la dite vielle estoit tousjours la proche du diable : que quelquefois tandis que les uns dansoyent, les autres avoyent copulation avec les diables en forme de chien : et estoyent au sabath viron trois ou quatre heures, non plus. »

On aperçoit, hélas! à travers ces récits merveilleux une explication trop naturelle : des jeunes femmes entraînées par la curiosité, par l'attrait du mystère, par les conseils de vieilles entremetteuses, des scènes nocturnes de débauche où le vin, les danses, les substances excitantes avaient un rôle. Les hommes jouaient à s'y méprendre cette comédie diabolique. L'imagination féminine, les vanités malsaines, la fierté de disposer d'un pouvoir surnaturel et de satisfaire des rancunes, des jalousies, les mauvaises passions vindicatives, tout cela s'unissait pour assurer le succès de ces audacieux séducteurs. Puis, comme dénouement, la torture et le bûcher auxquels les vrais coupables échappaient presque toujours.

De tous les mystères des îles de la Manche, ces scènes de sorcellerie, dont les archives des Cours royales nous livrent le secret, sont certainement le plus douloureux.

Faut-il s'étonner qu'à cette époque de persécutions religieuses, alors que l'esprit sectaire s'affirmait par des exécutions sanguinaires, des populations vivant sur une terre bouleversée par d'épouvantables cataclysmes, dont les ancêtres avaient vu le sol même manquer sous leurs pas et l'Océan sortir de ses limites, aient eu l'esprit frappé et se soient montrées plus que d'autres disposées à accueillir des récits effrayants, à éprouver des terreurs mystérieuses?

C'était d'ailleurs à cette époque une croyance

générale. « On connaît, dit le révérend Cumming [1], les lois sévères édictées au xv° et au xvi° siècle contre la sorcellerie, en Angleterre et en Écosse, et on est surpris d'apprendre qu'elles n'ont été abrogées qu'au siècle dernier. Mais dans une île comme celle de Man, là où le vent hurle sur des bruyères sauvages, les éclairs brillant sur le sommet des montagnes couronnées de nuages, les éclats du tonnerre roulant dans les sombres et profondes vallées et se répercutant contre des côtes de minerai de fer, se mêlant aux mugissements des vagues furieuses dans des cavernes contre lesquelles s'use la mer et dans de terribles et lugubres abîmes, on ne doit pas être surpris que, dans une île semblable, il se soit trouvé des gens qui aient spéculé sur les sentiments superstitieux des ignorants, et qu'il ait fallu édicter des lois pour supprimer autant que possible ces sombres pratiques. Il y avait même un raffinement particulier dans ces lois et dans leur mode d'exécution. »

Cumming raconte que ceux qui étaient soupçonnés de sorcellerie étaient précipités dans un lac aux bords escarpés, appelé le Curragh-Glass.

---

[1] Vers la même époque, le procureur général du duc de Lorraine, Nicolas Rémy, se vantait d'avoir envoyé 900 victimes au bûcher sur des poursuites pour faits de sorcellerie.

« Bienheureux, dit-il, ceux qui y périssaient noyés, car ils étaient acquittés de l'accusation dirigée contre eux, et ils étaient enterrés avec les cérémonies de l'Église dans un sol béni. Mais, si, luttant pour la vie, ils parvenaient à gagner la terre ferme, leur condamnation était certaine. Il ne leur restait que l'épouvantable alternative de finir leur misérable vie par le feu sur le bûcher, ou roulés dans un tonneau garni de pointes, d'une hauteur d'un millier de pieds du sommet des montagnes du nord de Slieauwallin. »

L'auteur ajoutait mélancoliquement que ces jours de cruauté sanguinaire étaient heureusement passés depuis longtemps, mais que l'esprit de superstition avait encore des racines dans le cœur des pacifiques montagnards de Man. Il en citait des exemples dont quelques-uns s'étaient produits en plein XIXe siècle, devant les Cours de justice de l'île [1].

Aux Iles Normandes, les procès de sorciers furent une aberration d'un moment en contradiction avec les traditions les plus anciennes et les plus généreuses des îles. Ces traditions ont été rappelées dans un très intéressant article : *Huit jours dans l'Archipel Anglo-Normand*, que

---

[1] The Isle of Man, ch. XII.

le comte Goblet d'Alviella a publié en septembre 1894 dans la Revue de Belgique :

« L'archipel a toujours été un lieu d'asile pour les victimes des persécutions politiques aussi bien que religieuses, et plus d'un Français a dû bénir le hasard qui en faisait une terre anglaise aux portes de la France. Les victimes de la Saint-Barthélemy, de la révocation de l'Édit de Nantes, de la Terreur, des Cent-Jours et du Deux Décembre ont tous reçu ici la même hospitalité et la même protection, ainsi que le rappelle Victor Hugo dans la préface de ses *Travailleurs de la Mer*. « A dater du xvii° siècle, écrit-il, ces îles ont été fraternelles au monde entier ; l'hospitalité est leur gloire. » Il convient d'ajouter qu'elles avaient derrière elles toute l'autorité de l'Angleterre et que les vainqueurs du jour ne pouvaient les traiter comme d'autres pays moins protégés contre les réclamations diplomatiques de leurs puissants voisins.

« Les proscrits du Deux Décembre ont fait place, un moment, aux communards et aux boulangistes ; mais de nos jours, les révolutions vont vite en France. Aujourd'hui ce sont les anarchistes et les jésuites expulsés de France qui ont franchi le détroit, les premiers qui recherchent actuellement l'obscurité, les seconds, au contraire, qui ont largement installé leur collège à Saint-Hélier dans un hôtel entouré de jardins. »

L'hospitalité donnée aux jésuites pour un couvent de leur ordre n'est pas sans émouvoir le vieil esprit protestant. Le *Bailliage* de Guernesey publiait le 27 février 1897 une correspondance où on lisait :

« Guernesiais, prenez garde ! L'ennemi est dans votre île. Regardez la France, voyez les Jésuitières de Jersey, et rappelez-vous le proverbe : Laissez-leur prendre un pied chez vous, ils en auront bientôt pris quatre. »

La large tolérance des institutions de l'archipel anglo-normand l'a emporté sur ces avertissements et Jersey a continué à accorder droit d'asile,... même aux Jésuites.

Cependant, dans cette île si hospitalière, les étrangers ne peuvent pas acquérir d'immeubles. Ils ont seulement le droit de faire des baux de 99 ans. Quand ils recueillent un immeuble par droit d'héritage, ils peuvent le conserver leur vie durant et en disposer entre vifs, mais ils ne peuvent pas le transmettre à leurs héritiers.

Il n'en est pas de même à Guernesey où les

étrangers peuvent devenir propriétaires et où, après un séjour de trois ans, ils deviennent même électeurs.

Les transactions immobilières entièrement libres à Guernesey ont amené un morcellement excessif qui n'est pas sans inconvénient. Cependant la conservation du principal immeuble patrimonial par l'aîné de la famille est favorisée par la loi. L'aîné a comme préciput la maison avec quatorze perches de terrain. Il peut même se faire attribuer tout l'enclos, en en payant à la succession la valeur, fixée par la douzaine de la paroisse. Le reste de la succession se partage entre tous les enfants, les fils ayant une part double de celle de leurs sœurs.

III

Les milices jersiaises. — L'attaque du baron de Rullecourt.

L'amour de leurs institutions respectées par l'Angleterre et la conformité de leur foi religieuse font des habitants des îles des sujets très fidèles de la Reine. A la fin du siècle dernier, leur loyauté a été mise à l'épreuve et ne s'est pas démentie. De même que les milices bretonnes avaient repoussé à Saint-Cast une descente des Anglais, les milices jersiaises ont anéanti en 1781 une petite expédition française.

Ces milices venaient d'être réorganisées de 1771 à 1778 par une série de règlements qui semblaient prévoir une invasion. Ces règlements votés par les États de Jersey avaient été approuvés par des Ordres du Roi en conseil. Sous l'autorité du gouverneur la milice de Jersey comprenait, outre un état-major, un corps d'artillerie, un régiment de cavalerie et cinq régiments d'infanterie. Le Gouverneur nommait les officiers au nom du Roi ; il devait veiller à ce que les commissions fussent « convenablement remplies par les personnes les plus propres que l'on pourra trouver et autant qu'il sera possible par ceux des premières familles ». — « Toutes personnes étaient sujettes de faire leur devoir personnel à la milice. Il n'y avait que Messieurs de la justice et les officiers du corps de la Cour qui pussent en être exempts. »

La milice était commandée par un adjudant-général ayant deux aides de camp et assisté de douze maîtres d'armes, un de chaque paroisse, lesquels étaient exempts de tout autre service public. Les cinq régiments d'infanterie avaient chacun un colonel, un major et un nombre variable de capitaines, de lieutenants, d'enseignes et d'adjudants.

Le corps d'artillerie ne se composait au début que de cent trente canonniers, vingt de la paroisse de Saint-Hélier et dix de chacune des onze autres paroisses. Chaque paroisse fournissait aussi un conducteur ou maître canonnier et un cadet. En 1778, ce corps fut augmenté de deux canonniers par paroisse. Il avait pour chefs un colonel, un capitaine, un capitaine-lieutenant et un adju-

dant, plus douze lieutenants, un de chaque
paroisse. Deux tambours et deux fifres devaient
être procurés par la paroisse de Saint-Hélier.
« Comme il est indubitable, disait dans son
préambule le règlement de l'artillerie, que l'artillerie des paroisses de cette isle, bien servie par
des personnes qui s'y entendent, seroit un objet
des plus essentiels contre un ennemi, un corps
particulier pour cet effet, sur un pied respectable,
est en conséquence absolument nécessaire, et
pour cette raison sera établi immédiatement, indépendant de tous les autres corps de milice, par
le nom de corps d'artillerie roïale de Jersey. »
Les canonniers, disait ce règlement, « doivent
tous être jeunes gens, robustes et agiles, choisis
d'entre les premiers laboureurs et parmi lesquels
il conviendra d'avoir quelques charpentiers, faiseurs de roues et forgerons... Comme il y a dans
le pays un sergent et deux canonniers envoïés de
la part du Roi pour l'instruction des habitans dans
cette branche du service militaire, ils feront un
tour annuel dans les paroisses, un mois dans
chacune, pour instruire les détachements de ce
corps, qui s'assembleront pour cet effet dans les
cimetières les dimanches, dans les heures pour
ne point interrompre en aucune façon le service
divin et n'empêcher qui que ce soit d'y assister,

ou en aucun autre tems qui sera trouvé le moins incommode... Les colonels et autres officiers des milices seront requis d'assister en tout tems, autant qu'ils le pourront, les officiers de l'artillerie à faire choix des hommes les plus convenables suivant à l'intention d'un établissement si important pour la sûreté de la patrie, et par conséquent, sans exception dans quelles compagnies ils pourront y en trouver, aïant toujours un égard particulier que ce soit des personnes d'une certaine consistance, des meilleurs caractères et des plus estimés à tous égards dans leurs voisinages. »

En même temps que ce corps d'élite était organisé avec tant de soin, il avait été formé un régiment de cavalerie commandé par un colonel, un lieutenant-colonel, un major, deux capitaines, un capitaine lieutenant, deux lieutenants, deux cornettes, un adjudant. Le bon sens des Jersiais ne tarda pas à reconnaître qu'un régiment de cavalerie dans l'île de Jersey ne pouvait être qu'un corps de parade.

Le règlement de 1778 qui augmentait le corps de l'artillerie de deux canonniers par paroisse supprima la cavalerie.

« Les États considérant que le corps de la cavalerie est de très peu d'utilité et prive les autres départements de la milice de quantité de personnes propres à être officiers, supplient, avec Monsieur le lieutenant-gouverneur, Sa Majesté, d'autoriser :

« Que le corps de la cavalerie soit réformé, et que ceux qui y fournissent actuellement soient tenus à l'avenir de faire leur service personnel dans les compagnies de leurs districts respectifs,

« Qu'en tems de guerre, ou d'autre exigence, si le gouverneur et les États trouvoient expédient de lever des cavaliers, ils soient en droit de le faire, pour tel espace de tems et sous tel règlement qu'ils jugeroient nécessaire, en n'excédant point le nombre de l'établissement qui a subsisté jusqu'à présent... »

Dans l'esprit de sage économie qui est un trait caractéristique de l'administration des îles, le règlement ajoutait :

« Comme en tel cas il serait avantageux d'avoir des accoûtremens tout prêts et en état de servir ; qu'en réformant ce corps il y a lieu de croire que les accoûtremens se pourroient trouver empirés par le non-usage ou que les personnes pourroient s'en défaire s'il n'y avait quelque provision pour le prévenir, il soit établi que les personnes présentement chargés [1] de fournir à la cavalerie

---

[1] Dans la langue jersiaise, le mot *personne* est masculin quand il désigne un individu du sexe masculin.

soient obligés de conserver et entretenir les accoûtremens dont ils sont pourvus, à la satisfaction des officiers de ce corps, que le Gouverneur jugera nécessaire de continuer en commission pour cet effet; en considération de quel entretien, que les personnes qui y seront sujettes soient déchargés pour cela des frais d'un mousquet pour la milice.

« Que les officiers qui seront continués pour soigner de l'entretien des dits accoûtremens soient obligés de s'en acquitter, et les autres tenus de servir dans leurs districts, selon le rang qu'ils tenoient dans la cavalerie, lorsque l'occasion s'en présentera, ou que tel rang leur sera proposé, et s'ils refusent qu'ils soient obligés de porter les armes. »

Ce règlement fut approuvé par un Ordre du Roi en conseil le 22 avril 1778.

De treize à dix-sept ans, les jeunes gens devaient être instruits par les maîtres d'armes. De dix-sept à soixante-cinq ans, le service militaire de la milice était obligatoire pour tous. C'était seulement à soixante-cinq ans que les miliciens étaient exempts de service pendant la paix : en cas de guerre, ces vétérans devaient se rendre sous les drapeaux et y donner l'exemple.

La discipline y était des plus sérieuses.

« Les colonels des régimens de cette isle et autres officiers de milice, dit le règlement du 28 mars 1771, verront que toutes personnes, depuis l'âge de dix-sept ans jusqu'à soixante-cinq ans, qui sont assez forts et vigoureux pour porter les armes, fassent leur devoir personnel...

« Les gens de garde qui s'en absenteront, qui y viendront yvres, ou qui abandonneront leur poste, ou y seront trouvés endormis, seront punis selon la plus grande rigueur des loix...

« Ceux qui, en cas d'alarme, seroient assez lâches que de manquer à se ranger à leur devoir en toute promptitude, ou à obéir exactement aux ordres de leurs supérieurs, seront punis avec la plus grande rigueur.

« Ceux qui oseraient désobéir, ou faire mutinerie, aux montres ou aux gardes, seront saisis par les officiers et soldats du régiment ou de la garde, sur l'ordre de l'officier commandant ; à quel ordre aucun qui désobéira sera pris et puni comme complice...

« Afin de supprimer les désordres que pourroient commettre les gens de garde, le connétable ou centenier dans chaque paroisse seront en droit d'aller, quand ils jugeront à propos, soit seuls ou accompagnés d'officiers, visiter les maisons de garde dans leurs paroisses, où ils auroient lieu de soupçonner que les gens de la garde auroient porté soit bois ou autres choses qu'ils auroient pris à autrui, pour en faire du feu ; et s'ils y trouvent quelques choses volées, ils en donneront connoissance au Gouverneur...

« Il est défendu à toutes personnes de se mêler parmi les compagnies sous les armes, d'interrompre le service militaire, et de vendre ou distribuer aucunes liqueurs aux soldats, ou même aux environs du camp, si ce n'est par la permission de l'officier commandant, sur peine de dix livres d'amende. »

Suivait tout un tarif des amendes encourues :
« Pour un premier défaut aux montres sans excuse légitime :

« Un officier — soixante sous ;
« Un sergent — trente sous ;
« Un cavalier — trente sous ;
« Un tambour — trente sous ;
« Un mousquetaire — vingt-quatre sous.
« Pour le deuxième défaut, le double ;
« Sur le troisième défaut consécutif, le délinquant sera présenté en justice...

« Toutes personnes qui viendront yvres sous les armes seront traitées comme les absens, et seront sujets aux amendes infligées pour les défauts...

« Ceux qui, étant appointés pour fournir des chevaux pour l'usage des canons, manqueront à y paroitre selon l'avertissement qui en aura été donné, seront sujets aux mêmes pénalités infli-. gées aux mousquetaires défaillans aux montres ; mais si c'est en temps d'alarme, ils seront punis comme lâches et désobéissans ; et dans l'un et l'autre cas, le conducteur pourra loüer un cheval pour faire le service aux frais des défaillans...

« Toutes personnes étant des âges fixés, savoir, entre dix-sept et soixante-cinq ans, et capables de porter les armes, seront tenus de paraître aux montres avec des bâtons, s'ils n'ont point de mousquets, et de se rendre au commandement de l'officier de leur district, sur les peines portées contre ceux qui portent les armes. »

Cette petite armée, exclusivement destinée à la défense nationale, à la défense des foyers dans le sens le plus exact du mot, était la moins coûteuse du monde. Son équipement, son habillement, son armement, ses munitions de guerre étaient à sa charge, mais cette charge était répartie de la manière la plus équitable, suivant la fortune de chacun. La base de tout impôt dans les îles est la déclaration que chaque habitant est tenu de faire de la valeur de ses propriétés foncières et mobilières. Les impôts sont perçus au *prorata* de cette évaluation, d'où le nom de liste du *Rât*.

« Il y aura, disait le règlement du 28 mars 1771, un Rât d'armes fait dans chaque paroisse, afin que toutes personnes qui puissent contribuer aux charges publiques fournissent des armes et accoutremens, selon leurs moyens.

« Ceux qui trouveront avoir sujet de se plaindre de ces Râts pourront s'appliquer à la justice, pour en avoir redresse. »

L'unité d'évaluation est le quartier. En 1771, il était estimé en froment ou en argent à trois cents livres.

« Toutes personnes aïant la réelle valeur de cinq quartiers de rente, soit en meuble ou héritage, seront obligés de fournir un mousquet et accoutremens ; — ceux qui ont vingt quartiers fourniront deux mousquets, cinquante quartiers trois mousquets, cent quartiers quatre mousquets, et un mousquet par cinquante quartiers au delà de cent. »

« Ceux qui sont choisis par les paroisses pour fournir à la cavalerie, seront par là réputés à fournir l'équivalent de deux mousquets ; et si dans quelques paroisses on ne peut trouver assez de maisons pour fournir le nombre de six chevaux, on joindra ensemble deux maisons pour fournir un cheval, mais non d'avantage ; et l'on ne pourra imposer deux chevaux sur un même bien...

« Chaque cheval patentaire sera estimé être un service pour quinze quartiers de rente, le surplus du bien de tels seigneurs étant contribuable en mousquets, comme il est établi. »

Les connétables devaient fournir aux frais des paroisses la poudre, les balles, mèches et les autres choses nécessaires, un nombre suffisant de chevaux pour traîner les canons, coffres et munitions.

« On fera les cartouches pour l'usage des régimens dans quelque lieu convenable et écarté, et non dans les magazins aux églises, qui sont uniquement destinés pour garder les canons et munitions en sûreté...

« Châque paroisse sera chargée d'un drapeau seulement, et d'un tambour par compagnie, excepté les compagnies de Grenadiers ou Fuzeliers, qui auront châcune deux tambours.

« Les drapeaux de tous les régimens seront en état de bien paroître, et les tambours propres pour le service. Et les trompettes de la cavalerie, tambours et conducteurs, seront payés par les connétables aux frais des paroisses. »

Tout étant ainsi bien prévu et assuré, le règlement déterminait les obligations des officiers de la milice et des connétables des paroisses :

« Châcun qui aura accepté une commission dans la milice sera tenu d'y faire le devoir de sa charge ; ce qui le dispensera de fournir jusqu'à deux mousquets ou de fournir un cheval à la cavalerie.

« Les officiers de la milice prendront un soin exact que les armes et accoutremens soient gardés en bon état et propres pour le service, et que châcun soit bien équipé, et les visiteront, ou feront visiter, de tems en tems.

« Les capitaines de compagnies pourront, dans leurs districts, appointer les personnes qu'ils trouveront propres à être sergens ; ce qu'ils ne pourront refuser, en les déchargeant de fournir un mousquet s'ils y étoient taxés...

« Tous officiers et soldats seront obligés de paroître — tant en cas d'alarme, qu'aux montres, soit générales, colonelles, paroissiales, ou particulières, — en habits rouges et bas blancs, chaque soldat étant muni d'un bon mousquet, bayonnette, cartouchier, et autres accoutremens.

« Les connétables, en tems de guerre, seront tenus d'avoir un nombre suffisant de cartouches faites avec des balles, pour servir en cas de besoin aux compagnies, et pour les canons et gens de l'artillerie de leurs paroisses, à la satisfaction du Gouverneur ; quelles munitions seront gardées dans le magazin paroissial, afin d'être plus aisément données au lieu de rendez-vous, en cas de besoin.

« Après l'exercice fini, les officiers commandant les Compagnies feront les soldats rendre les cartouches qui leur seront demeurées et décharger les mousquets qui se rencontreront chargés ; et ceux qui, après être libérés, seront connus pour avoir tiré aucun coup de mousquet sur les chemins ou ailleurs, seront sujets à dix livres d'amende, dont quelque prix sera acheté par le capitaine de la compagnie du délinquant, et donné à celui de telle compagnie qui tirera le plus juste au blanc le jour qui sera appointé à cet effet. »

Les enfants de treize à dix-sept ans devaient être instruits par le maître d'armes dans l'exercice des armes, les pères, mères et maîtres étant tenus de les y envoyer sous peine d'une amende de cinq sous. Un fusil de la valeur de douze livres devait être donné chaque année dans chaque paroisse au plus habile de ces jeunes gens. Cette épreuve devait avoir lieu le jour de la Saint-Jean.

Outre ce prix, les connétables devaient fournir dans chaque paroisse un premier prix de neuf livres et un second prix de trois livres aux meilleurs tireurs, ainsi qu'un prix de trois livres au canonnier qui tirerait le mieux.

Toutes ces fonctions étaient gratuites, sauf celles des conducteurs d'artillerie, chargés du soin de l'artillerie et des munitions dans les magasins.

Pour empêcher un débarquement, un grand nombre de tours, dites Martellos, avaient été construites sur tout le périmètre de l'île.

Dumouriez était alors commandant de place de Cherbourg. Il recommandait dans tous ses rapports de s'emparer des îles. « A moins de 100 000 francs, disait-il, on ferait l'expédition de Jersey et Guernesey, car je pense que l'une doit suivre immédiatement l'autre... Le château Cornet de Guernesey est en moins bon état que le fort Saint-Hélier. Depuis le siège qu'il a soutenu sous Cromwell, il a vieilli. Ce genre de forteresse ne se répare pas d'ailleurs, je ne doute pas du succès avec des troupes françaises menées à la flibustière, si on joint au point d'honneur l'appât du gain. »

Le baron de Rullecourt fut chargé du commandement de l'expédition qui fut organisée avec des forces très insuffisantes. Elle ne comprenait qu'un millier d'hommes embarqués à Granville le 26 décembre 1780 sur une flottille de petites barques. Les vents contraires obligèrent à relâcher aux îles Chaussey qui n'offrent aucune ressource. L'expédition n'arriva à Jersey, déjà épuisée de fatigues, que le 5 janvier 1781 à onze heures du soir. Le débarquement eut lieu au milieu des écueils, sur la côte sud-est de Jersey. Deux bateaux périrent et deux cents hommes parmi lesquels se trouvaient tous les canonniers furent noyés.

La petite troupe, réduite à sept cents hommes environ, marcha de nuit sur Saint-Hélier, s'empara de la personne du gouverneur et des principales autorités. Mais le château Élisabeth ferma ses portes et refusa d'obéir à la capitulation que le gouverneur Corbet et le major James Hogg avaient signée.

L'alarme avait été donnée dans l'île. Partout les milices s'étaient réunies. Elles avaient marché sur Saint-Hélier qu'elles bloquaient en occupant toutes les hauteurs environnantes. Unies aux débris de la garnison anglaise, elles se formèrent en colonnes sous les ordres du major Francis Pierson du 95e régiment anglais qui, se trouvant l'officier le plus ancien, avait pris le commandement.

Rullecourt s'était retranché dans Saint-Hélier. Disposant de l'arsenal, il avait placé à toutes les issues de la place Royale des pièces de canon malheureusement très mal servies, tous les canonniers ayant péri lors du débarquement.

« Les diverses colonnes, disent les rapports anglais, avançaient alors de tous côtés. L'ennemi se défendit bravement et entretint quelque temps un feu de mousqueterie bien nourri. Les Français se battaient avec beaucoup d'obstination et ne cédaient le terrain qu'avec la vie. »

Le major Pierson et Rullecourt furent tués dans le combat. L'expédition fut entièrement détruite, sauf une centaine d'hommes, laissés à la garde des bateaux, qui parvinrent à regagner la France. Tous ceux qui n'avaient pas succombé dans les rues de Saint-Hélier furent envoyés comme prisonniers en Angleterre et moururent en grand nombre sur les pontons. Il n'en restait plus que que 262, lorsqu'en avril 1782 ils furent renvoyés en France par le gouvernement anglais.

Le centenaire de cette victoire a été célébré en 1881 avec un grand enthousiasme à Jersey.

La paix étant rétablie, les règlements primitifs de la milice finirent par paraître excessifs. Les exercices militaires des jeunes gens de treize à dix-sept ans étaient prématurés. La question fut portée devant les États en 1832. Ils décidèrent qu'il fallait « rendre l'établissement militaire de l'île aussi parfait que possible, en en retranchant tout ce qui était superflu et vexatoire », et ils votèrent à l'unanimité un nouveau règlement qui fut confirmé le 22 février 1832 par un Ordre en conseil :

« L'exercice des jeunes gens de l'âge de treize à seize ans demeure aboli.

« Nul ne sera obligé d'entrer dans les rangs de la milice avant l'âge de dix-huit ans.

« Les jeunes gens de l'âge de seize à dix-huit ans ne pourront être exercés dans le maniement des armes et préparés pour entrer dans la milice que dans leurs districts respectifs. »

La loi sur la milice a été encore adoucie et mise mieux d'accord avec les exigences d'un service militaire moderne par une règlementation nouvelle votée le 10 janvier 1881 et confirmée le 2 mars de la même année.

Les personnes engagées dans les ordres sacrés, de quelque culte que ce soit, et les membres de la société des quakers en ont été dispensés.

4.

IV

Défense de l'autonomie des îles par leurs baillis, leurs États et leurs Cours royales.

En résistant à une invasion étrangère, les milices jersiaises ont donné la preuve de leur loyale soumission et de leur dévouement. Mais, si l'Angleterre entreprend quelque chose contre les franchises des îles, elle rencontre ses propres magistrats pour y faire obstacle.

Il y a eu souvent, sinon des conflits, du moins de graves divergences de vues entre le gouvernement anglais et les autorités des îles sur l'étendue des privilèges, immunités et franchises reconnus à plusieurs reprises par le roi d'Angleterre agissant comme duc de Normandie, et notamment par les chartes fort explicites de la reine Élisabeth.

En 1769, un projet de la Trésorerie avait tenté de modifier sur quelques points l'administration de Guernesey. William Le Marchant, magistrat de la Cour royale, prit l'initiative de remontrances dont la fermeté fit reculer le gouvernement anglais :

« Nous formons, dit-il, un état distinct et séparé de l'Angleterre, quoique sous le même souverain.

« Nul acte du Parlement n'est considéré ni suivi dans ces îles, quoiqu'elles y soient spécialement mentionnées, à moins qu'il ne nous soit transmis avec un Ordre du Conseil ; — et même ces actes, ces Ordres, quelque respectables qu'ils soient, n'ont point force de loi ici, jusqu'à ce qu'ils aient été vérifiés par la Cour royale et enregistrés sur nos records ».

William Le Marchant rappelait la charte de la reine Élisabeth confirmant les privilèges des îles : « Quoique notre souverain soit roi de la Grande-Bretagne, ajoutait-il, et que le moindre titre soit englouti par le plus grand, pourquoi serions-nous moins ses sujets comme duc, ou moins en droit de prétendre aux droits que cette qualité peut nous donner ? »

Ce n'était pas le langage d'un factieux. L'Angleterre le comprit bien ; car deux ans après, en 1771, la haute dignité de bailli de Guernesey, à la nomination de la Couronne, étant devenue vacante, ce fut ce même William Le Marchant qui fut choisi. Il fut appelé ainsi à présider les États et la Cour royale de Guernesey et à remplir dans l'île les plus hautes fonctions législatives, administratives et judiciaires.

Près d'un siècle plus tard, un débat du même genre se produisit à Jersey. Le 11 février 1852, trois Ordres de la reine en Conseil établirent, pour l'île de Jersey, une Cour chargée de la procédure préliminaire en matière criminelle, une Cour civile de juridiction sommaire, et une administration nouvelle de police pour la ville de Saint-Hélier et sa banlieue. L'émotion fut vive à Jersey. Les États firent une pétition promettant de prendre eux-mêmes les mesures jugées nécessaires par le gouvernement anglais ; ils envoyèrent à Londres une députation qui obtint un sursis pour l'enregistrement de ces trois Ordres.

Sans perdre de temps, les États votèrent les 10, 16 et 17 août 1852 un règlement augmentant le nombre des centeniers de Saint-Hélier et de Saint-Martin, ainsi que les pouvoirs des officiers de police de l'île entière, un autre organisant à Saint-Hélier une police salariée, un troisième et un quatrième modifiant la pratique suivie dans la rédaction des dépositions en matière criminelle et en matière civile, enfin deux derniers actes établissant une Cour pour le recouvrement des dettes n'excédant pas 10 livres sterling et une Cour pour la répression des moindres délits.

C'était réaliser sous une autre forme presque toutes les réformes contenues dans les trois Ordres de la Reine en conseil.

Dans l'île, l'opinion, surexcitée, multipliait en sens contradictoire les pétitions.

Le Conseil privé, saisi de la question, ne se hâtait pas. Deux années s'écoulèrent. Le 29 décembre 1853, en présence de la Reine, assistée du Prince Albert, cette haute juridiction se décida à rapporter les trois Ordres du 11 février 1852 et à sanctionner les actes et règlements votés par les États de Jersey. Le Conseil constata que le but poursuivi par les trois Ordres de la Reine se trouvait en grande partie atteint et que les bienfaits que l'île devait en attendre pouvaient encore être étendus par des actes ultérieurs des États avec la sanction de Sa Majesté. Le motif admis comme déterminant par le Conseil privé pour l'annulation et la révocation des trois Ordres fut le suivant :

« Il existe de sérieux doutes sur ce point : la promulgation de semblables dispositions par la prérogative de Sa Majesté sans l'assentiment des

États de Jersey est-elle conforme au droit constitutionnel de l'île de Jersey ? »

En votant l'enregistrement de l'Ordre d'annulation, les États exprimèrent « leur haute satisfaction et leur reconnaissance de l'accueil gracieux et bienveillant fait à leur pétition par Sa Très Excellente Majesté en conseil et de cette confirmation solennelle de leurs franchises et privilèges, » se déclarant « toujours prêts à donner toute l'attention possible à l'amélioration des lois et des institutions du pays ». La solution donnée à cette difficulté a été tout à fait conforme à la doctrine d'un arrêt fort remarquable rendu par la Cour royale de Guernesey le 7 mars 1844, sous la présidence du baillif John Guille, déclarant « que, par la constitution de l'isle, la Cour royale a toujours eu et doit avoir la vérification et entérinement de tous Ordres, commissions ou patentes de Sa Majesté en son conseil, envoyés en cette isle..., que cette vérification et entérinement est la seule sauvegarde qu'ont cette Cour royale et les habitants pour la conservation des lois, libertés et privilèges de cette isle... que la Cour royale est établie MOYEN JUGE entre le Roi et les habitants du pays, afin de conserver tant les droits de la Couronne que les droits des habitants ».

C'est la même pensée qu'exprimait déjà dans un *Essai sur les institutions, lois et coutumes de l'île de Guernesey*, en 1765-1769, le juré-justicier Laurent Carey : « Le baillif et jurés sont JUGES MITOYENS entre Sa Majesté et ses sujets habitants dans cette isle. »

La question est bien plus grave quand il s'agit d'actes du Parlement : « Un acte du Parlement est supérieur à toute autre autorité, » disent les partisans de l'incorporation pure et simple des îles au Royaume-Uni, et notamment Abraham Jones Le Gros, dans sa *Constitution de Jersey* publiée en 1867.

William Le Marchant leur répondait dès 1769 : « Je sais que c'est une maxime en Angleterre que le Parlement peut faire et défaire à plaisir, mais ce pouvoir du Parlement n'est-il pas soumis à sa propre justice ? S'il annule un acte ou une charte relative au peuple d'Angleterre, l'acte est valide parce que c'est virtuellement la volonté de tous ceux qui y sont concernés. Mais notre cas n'est-il pas différent ? Nos souverains et leurs Parlements nous ont accordé des droits et immunités ; nous les avons acceptés ; notre inclination est d'en jouir ; nous formons un gouvernement distinct, et n'avons point de représentants ; serons-nous donc, dans ces circonstances, dépouillés et privés, non seulement de ceux-là, mais encore de nos droits anciens et naturels? »

Il serait fort à craindre que le Parlement anglais, si la question était posée nettement devant lui, n'acceptât pas cette limitation de son omnipotence. Aussi, de part et d'autre, cherche-t-on à éviter les occasions de décisions trop absolues.

Quand le Conseil privé juge convenable de promulguer dans les îles un acte du Parlement, ancien ou récent, il l'envoie avec un Ordre d'enregistrement contenant cette réserve :

« Non parce que cet enregistrement et cette publication seraient essentiels, mais pour que les sujets de la Reine dans ces îles aient connaissance de la promulgation de cet acte. »

Les Cours royales des îles n'admettent pas, bien entendu, une pareille théorie. Elles font des réserves en sens contraire, et les choses ne vont pas plus loin.

Le 13 janvier 1845, le Conseil privé envoya à Guernesey l'ordre d'enregistrer deux actes du Parlement relatifs à l'hôpital de Chelsea et à ses pensionnaires étrangers.

La Cour royale de Guernesey rendit un arrêt ainsi conçu :

« La Cour, après avoir eu lecture dudit Ordre

de Sa Majesté en conseil et desdits actes du Parlement, a ordonné, ouïes les conclusions des officiers de la Reine, que ledit Ordre sera enregistré dans le livre pour l'enregistrement des Ordres de Sa Majesté en conseil, et quant aux dits actes de Parlement, il a été ordonné qu'au lieu de l'enregistrement d'iceux, mais au même effet, ils seront logés au greffe pour faire partie des records de cette île. La Cour cependant, vu que cette île n'est pas dénommée dans lesdits actes, a cru devoir déclarer *qu'elle n'admet nullement le principe que les habitants de cette île peuvent être liés par les dispositions d'actes de Parlement dans lesquels l'île n'est pas dénommée et soit que lesdits actes forment ou ne forment pas partie de nos records*, et qu'elle se réserve en conséquence le droit de faire toutes fois et quantes de très humbles remontrances tant contre ledit principe que contre aucune clause desdits actes de Parlement qui dérogerait ou pourrait déroger aux droits et privilèges des habitants de cette île, tels qu'ils ont été accordés par diverses chartes royales, à quoi recours. »

Cette protestation anodine alla s'enfouir aux riches archives de la Cour royale de Guernesey.

Un Ordre du Conseil du 4 juillet 1832 avait prescrit l'enregistrement de deux actes remontant aux règnes de Charles II et de Georges III, sur l'*habeas corpus for more effectually securing the liberty of the subject* (pour assurer plus efficacement la liberté des sujets.) Les États de Jersey et de Guernesey répondirent par un mémoire soutenant que ces actes étaient contraires aux chartes qui accordent une juridiction exclusive aux Cours royales des îles. Ils parvinrent à prolonger cette discussion pendant dix-huit ans. A la fin il leur fallut céder. Les actes furent enregistrés dans les deux îles. L'enregistrement par la cour royale de Jersey porte la date du 7 février 1850.

Plus récemment, un acte du Parlement du 13 mai 1875 ayant réglé, pour le Royaume-Uni, la résignation des bénéfices ecclésiastiques, le Conseil privé jugea convenable de promulguer cet acte dans les îles du Canal. Il le transmit aux gouverneurs et aux cours royales de ces îles avec ordre de le faire enregistrer et publier.

Quand l'acte du Parlement et l'ordre d'enregistrement qui l'accompagnait parvinrent à la Cour royale de Jersey, celle-ci, pour éviter de s'y soumettre, procéda avec beaucoup d'habileté. Elle s'abstint de tout acte d'exécution, mais elle en référa aux États qui se livrèrent à une vérification de l'Acte du Parlement. Dix mois s'étaient écoulés lorsque les États votèrent un acte législatif apportant des modifications à la loi dont l'enregistrement pur et simple avait été requis. Ils soumirent leur résolution comme une loi jersiaise à l'approbation de la Reine en Conseil. Cette loi ne soulevant aucune objection, l'approbation fut accordée. La Cour royale de Jersey fit enregistrer d'abord l'ordre de confirmation approuvant les modifications votées par les États ; puis, après avoir laissé s'écouler un délai de quatorze jours, sur les réquisitions du procureur général de la Reine, elle prit, le 29 juillet 1876, une seconde délibération ordonnant que l'acte du Parlement « demeurerait logé au greffe pour faire partie des records de l'île et serait publié par l'officier au lieu ordinaire, afin que toute personne *puisse en avoir connaissance.* »

Sans que la dignité du Parlement en fut offensée, son acte souverain passait ainsi au second rang, et la loi jersiaise approuvée par la Reine, suivant les coutumes de l'île, était seule exécutoire.

La difficulté est plus sérieuse quand le Parlement déclare lui-même un de ses actes applicable aux Iles du Canal. Cela est arrivé il y a vingt ans pour un acte du Parlement du 10 août 1877 (40-41 Victoria) sur la pêche des huîtres, des crabes et des homards. « Les Cours royales des Iles du Canal, disait cet acte en termes formels, sont respectivement autorisées et *requises* d'enregistrer cet acte. ».

La Cour royale de Guernesey l'examina avec soin. Elle y releva un article 10, qui attribuait un pouvoir de réglementation au Board of Trade (comité du commerce) de Londres. Le 13 juillet 1878, elle rendit un arrêt ainsi conçu :

« La Cour, attendu que la section 10 dudit acte paraît déroger aux droits et privilèges des habitants de ce bailliage, a été d'avis de suspendre l'enregistrement dudit Ordre, afin de faire de très humbles représentations à Sa Majesté en son conseil. »

L'acte ne fut pas enregistré davantage par la Cour royale de Jersey.

Trois années s'écoulèrent ainsi. Le 15 juillet 1881, un nouvel Ordre du Conseil privé mit en demeure les deux Cours d'enregistrer l'acte du Parlement.

La cour de Jersey s'exécuta après un délai de près de treize mois. A Guernesey, il se produisit un incident curieux.

L'enregistrement eut lieu sans observation en vertu d'un arrêt du 11 août 1881. Mais, trois semaines après, le 2 septembre 1881, la Cour royale de Guernesey rendit un second arrêt annulant cet enregistrement qui avait eu lieu, déclara-t-elle, par *inadvertance*.

Il y a lieu de noter encore un acte important du Parlement anglais sur les enterrements, du 7 septembre 1880, déclaré applicable aux Iles du Canal. La Cour royale de Jersey ne l'enregistra pas, mais en référa aux États. Ceux-ci en ordonnèrent eux-mêmes le dépôt au greffe sans modifications, de telle sorte que ce dépôt a eu lieu en vertu d'une décision du pouvoir législatif de l'île.

A Guernesey, l'enregistremeut pur et simple en fut ordonné par la Cour.

Tout récemment, le 3 novembre 1897, les États de Guernesey ont nommé un comité chargé de préparer un projet de loi analogue aux lois anglaises qui protègent la propriété artistique.

Ce projet a été soutenu par un avocat distingué du barreau de Guernesey qui est en même temps membre des États, et il a pris le soin de formuler sa proposition de manière à ne porter aucune atteinte aux privilèges de l'île.

« M. W. Carey, dit le procès-verbal de cette séance, après avoir recommandé cette protection dont étaient bien dignes l'art privé, le talent et les œuvres artistiques, protection qui leur était accordée partout, demanda pourquoi il n'en serait pas de même ici. Certaines œuvres pourraient être reproduites ici et vendues avec profit par des plagiaires ou des copistes. Il insista sur les privilèges dont jouissait le gouvernement de l'île, mais, après s'être déclaré en faveur de la demande, ajouta qu'on pouvait toujours spécifier les devoirs du comité pour éviter le sacrifice desdits privilèges dans la rédaction de cette loi qui serait ensuite sanctionnée par le Conseil privé. On peut et on doit, dit-il, protéger les artistes ici, mais une loi locale confirmée serait très suffisante. »

De guerre lasse et par prudence, les Cours royales se soumettent : des conflits poussés plus loin pourraient provoquer quelque décision radicale, anéantissant les privilèges qui sont la base de l'indépendance des îles. L'enregistrement, quand elles y consentent ne doit pas être regardé comme un abandon des principes constitutionnels rappelés par tant de remontrances. Les Iles n'ont pas de représentants au Parlement anglais : elles jouissent d'un régime d'immunités locales qu'elles n'entendent pas abandonner et qui leur donne le moyen de contrôler et au besoin de repousser toute loi qui porterait atteinte à leurs franchises séculaires. Sans soulever de conflits inutiles, les États et les Cours royales des îles regardent comme un devoir de défendre ces franchises quand la nécessité s'en impose à eux.

Leur résistance est accompagnée, d'ailleurs, de protestations très sincères de fidélité à l'Angleterre. « Sans vouloir aucunement, disait la Cour de Guernesey dans son arrêt du 7 mars 1844, manquer à la prérogative royale ou de respect envers Sa Très Gracieuse Majesté, la Cour se réserve entière dans ses droits, pour, en cas de besoin, adresser ses griefs à Sa Très Excellente Majesté en son conseil, ou prendre telles autres mesures qu'elle croira à propos. »

En agissant ainsi, les Cours sont d'accord avec l'opinion générale des habitants. En 1875, M. Locke avait proposé à la Chambre des Communes un bill d'amendement de la constitution, de la pratique et de la procédure de la Cour de Jersey. Un comité — l'*Anti-Locke-Bill Committee* — fut formé dans l'île pour combattre ce projet. Un fond de 1 000 livres sterling fut réuni, des délégués furent envoyés à Londres et un avocat fut constitué pour défendre devant le Parlement les privilèges des îles. Ces efforts aboutirent à l'abandon du Bill.

V

La langue francaise langue officielle de l'archipel normand. — Attachement des populations au français. — MM. Guille et Allès. — Loyale soumission des Jersiais et des Guernesiais au gouvernement britannique. — Le Canada et l'ile de Man.

Ce ne sont pas des dispositions législatives qui menacent aujourd'hui l'état des choses, si curieux et si intéressant, que le gouvernement anglais a laisssé subsister aux Iles Normandes. C'est une transformation lente ; une influence latente, qui tend à anglicaniser les îles et à remplacer la langue française, restée à la fois la langue officielle et la langue des campagnes, par la langue anglaise.

Les descendants des anciens Normands ont conservé aux îles leur langue d'origine. C'est un français où se remarquent un grand nombre d'expressions archaïques et des habitudes d'orthographe et de syntaxe qui diffèrent sensiblement de notre français moderne. A côté de ce français, se conserve un vieux patois qui a sa littérature, ses auteurs, ses poètes, et qui a un cachet ancien plus marqué encore. Une lutte sourde, persévérante, favorisée par les besoins du commerce, tend à substituer à cet idiome local la suprématie de la langue anglaise. Dans un article fort attachant publié en 1885 dans la *Revue internationale de Florence*, M. Henri Boland, qui a habité plusieurs années Guernesey où il a été rédacteur en chef du journal français *Le Bailliage*, a montré « une forte migration anglaise s'abattant sur l'archipel, le négoce de Saint-Hélier et de Saint-Pierre Port tombant presque tout entier entre les mains des nouveaux colons, ceux-ci faisant souche dans les îles, et leurs descendants devenant des Guernesiais et des Jersiais, mais des Guernesiais et des Jersiais ne connaissant pas dix mots de la langue française, les touristes, les petits rentiers succédant aux commerçants et refoulant de plus en plus la population d'origine dans les campagnes, enfin celles-ci envahies à leur tour par des fermiers anglais. »

La cause du français semblerait désespérée si les meilleurs citoyens n'avaient résolu de la défendre et de faire dans ce but les plus larges sacrifices. La *Société Guernesiaise,* fondée par le chevalier baillif P. Stafford Carey, par M. Pierre Roussel, par M. Thomas Guille, récemment enlevé à l'affection et à la reconnaissance de ses concitoyens, prit pour programme la conservation de la langue française afin de garder l'originalité du pays.

« On était arrivé, disaient ses premiers manifestes, à se demander si l'œuvre de transformation allait s'accomplir sans qu'aucun effort fut tenté pour conserver cette individualité qui nous est si chère ; rien pour conserver ici à la langue française sa place au soleil à côté de sa sœur vigoureuse ; si on laisserait disparaître le Guernesey historique et caractérisé qui a vécu mille ans et qui pourrait en vivre mille encore ; si toutes les traditions, les coutumes, les expressions, qui sont l'âme du pays, tomberaient dans l'oubli sans qu'un de ses enfants levât un doigt pour empêcher la ruine de tout ce qui fait de nous une communauté à part, heureuse bien moins à cause de la fertilité et de la beauté du pays que des institutions spéciales dont elle a, depuis des siècles, ressenti l'influence bienfaisante. »

Cet appel de la Société guernesiaise pour la conservation du français, « sauvegarde de nos institutions, » a été entendu. « Sans la langue française, disent les vieux Guernesiais, nous ne serions plus bientôt qu'un comté anglais. »

C'est de ce sentiment que s'est inspirée une œuvre admirable, — l'organisation et le développement de la bibliothèque Guille-Allès, avec son musée, sa salle de conférences, ses collections précieuses, sa bibliothèque populaire, centre intellectuel et patriotique, qui est une des gloires des Iles normandes. Il faudrait pouvoir raconter la touchante amitié de ses deux fondateurs, partant jeunes pour l'Amérique, y soutenant avec persévérance les plus rudes combats pour la vie, dans les bons et les mauvais jours n'oubliant jamais leur île et arrêtant d'avance dans leur esprit la grande fondation qu'ils devaient y réaliser. Quand la fortune eut couronné leurs efforts, au déclin de leur vie, ils revinrent à Guernesey et créèrent de leurs deniers l'établissement modèle qui devait, dans leur pensée, assurer l'avancement moral et intellectuel des habitants de l'île. Thomas Guille racontait qu'il y songeait depuis l'âge de quinze ans lorsque, arrivé à New-York comme jeune apprenti, il fut introduit dans la bibliothèque de la *Society of mechanics and tradesmen*.

« Je n'oublierai jamais l'émotion admirative et délicieuse qui s'empara de moi, écrivit-il, lorsque, pour la première fois, j'entrai dans cette bibliothèque et lus l'inscription suivante inscrite sur ses murs :

> This Institution is for youth designed,
> To form their manners and improve their mind.

« Cette institution est destinée à la jeunesse pour former ses mœurs et perfectionner son esprit.

« Jusqu'à ce jour, je n'avais jamais vu tant de livres réunis, et ce qui me surprit spécialement et me réjouit fut l'assurance qu'ils étaient destinés au bénéfice spécial des jeunes apprentis comme moi, et lorsque, après avoir feuilleté le catalogue, — dont je pris un soin particulier de me procurer un exemplaire sans retard — je trouvai qu'elle contenait des ouvrages dans toutes les branches des connaissances humaines auxquels j'aurais accès désormais, je ne pus pour ainsi dire contenir l'exubérance de ma joie. »

Procurer de semblables avantages à ses compatriotes devint le rêve de ses jours et de ses nuits et le plus puissant stimulant de sa vie de travail.

C'est en français que M. Frédérick Mansell-Allès tint à répondre, le 17 décembre 1884, au gouverneur de Guernesey qui offrait aux deux fondateurs de la bibliothèque leurs portraits achetés à la suite d'une souscription nationale : « J'espère, dit-il, que les nombreux et excellents ouvrages français qui garnissent déjà les rayons de la bibliothèque, et ceux que nous aurons soin d'y ajouter au fur et à mesure de la publication seront un puissant stimulant aux études françaises, et qu'ils contribueront à rendre au langage officiel de notre île chérie la place qu'il avait autrefois dans l'instruction et la conversation de nos ancêtres. »

Trois ans après, M. Thomas Guille était élu à vie juré justicier de la Cour royale de Guernesey.

Le temps, hélas ! a fait son œuvre. Les fondateurs de la bibliothèque Guille-Allès sont morts tous les deux, laissant une large dotation pour assurer la perpétuité de leur bienfaisante institution.

Thomas Guille avait survécu à son ami. Lorsqu'en décembre 1896, la nouvelle de sa mort se répandit dans l'île, ce fut un deuil public. La ville avait un aspect morne et désolé, les rues étaient désertes, Guernesey ayant voulu montrer la douleur qu'elle ressentait de la perte de ce grand homme de bien.

Il a laissé des successeurs animés de son esprit.

Un journal français, *Le Bailliage*, dirigé et rédigé par un avocat de talent, M. de Mouilpied, contribue puissamment à la défense de ces saines traditions guernesiaises :

« La décadence du français, dit ce journal, serait un malheur irréparable pour nos habitants auquel nous ne voulons même pas penser... Le fait que l'anglais fait de rapides progrès parmi nous, n'est pas une raison pour croire que le français périt : au contraire, les deux peuvent très bien aller ensemble, et la connaissance des deux langues a constitué pour plus d'un Guernesiais un *open Sésame* (Sésame, ouvre-toi) aux postes confidentiels à l'étranger... Aussi longtemps que notre île possédera des fils et des filles de campagne, le français restera toujours ce qu'il a été par le passé, la langue maternelle de nos insulaires par excellence. »

A Jersey, la lutte est moins difficile : la colonie française est plus nombreuse, et, comme le fait remarquer M. Henri Boland, « des services réguliers par steamers mettent l'île en rapports suivis avec la France ; on vend énormément de journaux parisiens et de livres français à Saint-Hélier ; chaque été ramène dans l'île des milliers de touristes du continent. » Le nombre des étrangers débarqués à Jersey, en 1894, a été de 48.518, dont 13.914 Français, et en 1895, de 55.867, dont 18.112 Français.

Aux séances des États de Jersey, un avocat distingué, M. Baudains, veillait avec le plus grand soin à ce qu'il ne fût commis aucune infraction à la règle qui fait du français la langue officielle du pays. M. Baudains a été élu cinq fois connétable de Saint-Hélier. Quand après quinze ans d'exercice consécutif de ces fonctions, il se décida à les résilier, une souscription fut ouverte et le buste en bronze du connétable Baudains a été érigé le 23 septembre 1897, sur un piédestal de granit dans une des promenades de la ville comme témoignage de la reconnaissance de ses concitoyens dont il avait avec tant de persévérance et de fidélité défendu les intérêts.

La cérémonie d'inauguration a été très émouvante. Après l'hommage rendu par l'un des trois députés de Saint-Hélier, M. Renouf, à l'ancien connétable qui, pendant sa longue carrière publique, avait toujours été le premier sur la brèche, tant dans la paroisse qu'aux États, trouvant toujours une nouvelle besogne pour son énergie indomptable, et qui doué d'une intelligence supérieure, d'une virilité remarquable, d'un courage à toute épreuve, s'était montré toujours égal aux circonstances, le bailli de Jersey, sir Bertram, a pris la parole comme président des États et de la Cour royale.

Il a salué M. Baudains avocat habile, connaissant à fond les lois et la procédure, rude adversaire, homme de combat, impétueux, mais incapable de ces mesquineries et bassesses qui sont le signe d'un esprit étroit et haineux. « A son talent et à son énergie mâle et indomptable, il doit la position honorable qu'il occupe parmi ses concitoyens. Comme avocat, il a toujours été prêt à prêter son ministère aux faibles et aux infortunés, et il a toujours fait preuve du même zèle pour tous ses clients sans distinction de position. Il a laissé une marque indélébile sur les records de l'île. Nous devons à son initiative, ou à son puissant appui, plusieurs lois libérales et importantes, par exemple : celle réduisant l'emprisonnement pour dettes à un maximum d'un an ; celle sur le scrutin secret et celle sur l'instruction primaire obligatoire. Mais, s'il s'est montré radical comme législateur, il s'est toujours montré conservateur, sage et tenace, lorsque les droits et libertés de l'île étaient en péril. »

Tous ces discours ont été prononcés en français. M. Baudains a été remplacé comme connétable par son collègue et ami, M. Durell, député de Saint-Hélier. Au banquet donné pour fêter son élection, celui-ci proposa la santé de *la duchesse de Normandie*, qui fut acclamée avec en-

.thousiasme par toutes les personnes présentes.

Aux séances des États comme aux audiences des deux Cours royales, il est interdit de parler une autre langue que le français. Les dépositions faites en anglais sont traduites par un interprète.

A Jersey, l'audience de la Cour commence par une prière en français lue à haute voix par le greffier :

« Notre aide soit au nom de Dieu qui a fait le ciel et la terre. Amen.

« Seigneur Dieu, Père éternel et Tout-Puissant, qui es le juge universel du monde, qui ne veux point qu'on ait égard à l'apparence des personnes et qui as défendu à tous juges de recevoir des dons et des présents pour se détourner de l'équité, nous te prions qu'il te plaise de conduire tellement cette présente assemblée par ton Saint-Esprit, qu'ayant le don de conseil, de discrétion et de prudence, elle puisse rendre le droit à qui il appartient, jugeant si droitement que les bons et innocents soient maintenus et protégés et les méchants châtiés et repoussés, en sorte que l'on connaisse que le sceptre de ta parole est planté au milieu de nous et que tu y règnes par Jésus-Christ, Notre-Seigneur, au nom duquel nous te prions en disant :

« Notre Père, qui es aux cieux, ton nom soit

sanctifié, ton règne vienne, ta volonté soit faite en la terre comme au ciel. Donne-nous aujourd'hui notre pain quotidien, et pardonne-nous nos offenses comme nous pardonnons à ceux qui nous ont offensés, et ne nous induis pas en tentation, mais délivre-nous du mal, car à toi est le règne, la puissance et la gloire. »

A Guernesey, la prière se compose seulement de l'oraison dominicale, lue également en français par le greffier.

Les débats oraux — réquisitoires et plaidoiries — ont lieu en français. Ceux des magistrats qui sont nommés par la Couronne parlent eux-mêmes, avec un peu d'accent, un français correct.

Les séances des États et les audiences des Cours royales ont un caractère de grande simplicité. Un Français de passage à Guernesey a fait dans *Le Bailliage* du 21 septembre 1889 un compte rendu d'une séance des États de Guernesey à laquelle il avait assisté. Ce compte rendu donne très fidèlement la physionomie des délibérations de cette assemblée.

UNE SÉANCE DES ÉTATS DE GUERNESEY
racontée par un Français.

« J'attendais avec impatience l'ouverture des États. Les archives les plus intéressantes, les livres les plus savants ne peuvent remplacer la réalité vivante. J'avais hâte de voir dans leur fonctionnement ces institutions si attachantes, ayant leurs racines dans les plus antiques traditions d'une de nos provinces de France, conservées ainsi que notre langue par l'esprit vraiment élevé et libéral de l'Angleterre, faisant des Iles Normandes du Canal un pays à part. Petit pays bien vivant, laborieux et pacifique, où l'esprit d'indépendance ne dégénère pas en désordre et où rien ne menace les prérogatives séculaires de la Couronne d'Angleterre.

« Lundi, 9 septembre 1889, à 11 heures précises du matin, les États de Guernesey entraient en séance. Depuis quelques instants les députés des douzaines de l'île avaient pris individuellement leurs places. Le greffier de la Cour et des États s'était assis à sa table au pied du siège du baillif. Le prévôt de la Reine, ayant au cou les insignes de sa charge suspendus par une chaîne d'or, avait placé à côté de lui son épée d'acier, et le sergent était venu occuper sa modeste place à l'entrée de l'hémicycle.

« A l'heure dite, le baillif suivi de la Cour a fait son entrée. Les recteurs anglicans des paroisses de l'île sont venus occuper leurs sièges. D'un coup d'œil, on pouvait apprécier la composition de l'assemblée.

« C'étaient bien, sans ostentation et sans faste, les trois ordres d'autrefois. Le baillif sur son siège élevé, dans la simarre violette à la longue hermine blanche, dominé par le portrait de la reine d'Angleterre, représentait avec une grande dignité ce pouvoir judiciaire local, si bien qualifié par un des arrêts de la Cour de Guernesey de « moyen juge » entre la Couronne et les habitants du pays. A sa droite, la Cour royale ou plutôt une partie de la Cour royale, car quatre des jurés-justiciers manquaient à l'appel, en grand costume analogue à celui du baillif, formait dans ses éléments les plus élevés une première représentation du pays. Magistrature honorifique, élue à vie, préparant la loi par de longues délibérations, la votant et l'appliquant, elle a dans l'île une légitime prépondérance : ses membres sont choisis parmi les familles les plus considérables, assez à l'aise pour pouvoir consacrer aux affaires publiques tous leurs soins sans rémunération. Le danger serait qu'elle exagérât cette prépondérance. Pour garder intact ce grand pouvoir dont elle n'use que pour le bien, la Cour doit prêter une oreille attentive à toutes les manifestations de l'opinion et tenir un grand compte de ses susceptibilités, même quand elles sont exagérées.

« A gauche du baillif ont pris place six des recteurs anglicans. Chacun a voté à son tour : aucun n'a pris la parole. Sont-ils à leur place dans cette assemblée législative où ils ne représentent aucun des intérêts locaux ? Très respectables et très respectés dans l'exercice du culte officiel, ils sont plutôt subis qu'acceptés aux États par les véritables représentants de l'île : les députés des douzaines.

« Nommés par la Reine, les recteurs viennent souvent d'Angleterre, d'Écosse, quelquefois de France. Nouveaux venus dans le pays, dès la première session des États, ils peuvent dans les paroisses rurales annuler par leur vote contraire le vote de l'unique député de la douzaine de leur paroisse. Cette douzaine composée des principaux propriétaires élus à vie par les censitaires de la paroisse a examiné mûrement à la réception du billet d'État des questions dont elle connaît tous les éléments. Elle a nommé un député pour soutenir son opinion. Le recteur a autant de droits que ce député.

« L'opposition s'irrite de ce privilège ; car il y a une opposition à Guernesey : il ne faut pas s'y tromper. Les députés de Saint-Pierre Port luttent avec énergie contre les propositions qui entraînent des dépenses. Les députés des paroisses rurales, plus silencieux, refusent souvent leur vote. Pas un ne manque à l'appel. Ils sont tous là, attentifs, consciencieux. Leur unanimité ne suffit pas à former une majorité : il faut que quelques membres de la Cour ou du clergé se joignent à eux pour qu'ils l'emportent. Disons-le à l'honneur des corps privilégiés, il en est presque toujours ainsi. Rien ne serait plus pénible, rien ne serait plus dangereux que de voir voter par les États une mesure contre laquelle se serait prononcée l'unanimité des députés des douzaines.

« Cependant un siège est resté vide à la droite du bailli. Avant l'ouverture de la séance, le prévôt délégué par la Cour introduit Son Excellence le lieutenant-gouverneur, représentant de la Reine. Toute l'assemblée se lève. Ce grand pouvoir, cette haute dignité s'exercent avec une simplicité extrême. Le gouverneur est en tenue civile du matin ; au bout d'une heure il se retire sans avoir pris une part quelconque à la discussion. Rien de ce qui touche à la prérogative royale n'est en question. Cette abstention de bon goût semble dire : représentants de l'île, délibérez en paix et en toute liberté.

« Une courte prière en français, lue par le greffier, écoutée par tous dans une attitude respectueuse, commence et termine la séance. Puis les États se mettent à l'œuvre.

« En quatre heures, ils vont résoudre dix-neuf

questions : mesures de haute administration, lois importantes, questions fiscales, soulevant quelquefois des difficultés de droit constitutionnel très délicates. Je dois faire aux États de Guernesey amende honorable. Averti que la session ne durerait qu'un jour et connaissant son programme, je m'étais dit : Ce n'est pas un débat, c'est un étranglement. Quelques membres influents font la loi, les autres la subissent, sans pouvoir s'en rendre compte.

« Je me trompais. Il n'y a pas eu une parole perdue, mais tout a été dit. Les États n'ont voté que ce qu'ils ont voulu, ajournant ou rejetant avec beaucoup de discernement les mesures qui ne leur convenaient pas. L'opposition s'est fait entendre : elle a eu dans la bouche de M. Ferguson, un des députés de Saint-Pierre Port, des accents très vifs et très caustiques ; elle l'a emporté quand elle avait raison.

« Une première question, purement fiscale, soulève un débat constitutionnel. Il s'agit de travaux à faire au port. Ils doivent être dirigés par un membre de la Cour, superviseur des États. Ce très respectable magistrat est une sorte de ministre des travaux publics ; il est très souvent discuté, parce que son rôle est un des plus importants de l'île. Bienheureux les États où la plus grosse dépense, la dépense presque unique, consiste en des travaux d'utilité générale. Que M. le superviseur se résigne à la contradiction : elle est inséparable de sa fonction. La discussion des travaux faits et à faire forme la plus grosse part de la vie publique de Guernesey.

« Les députés de Saint-Pierre Port demandent l'exécution des travaux par voie de soumissions. Ils déposent en ce sens un amendement. Il en sera ainsi, promet le superviseur. Mais un débat constitutionnel fort intéressant s'engage à ce sujet entre le Procureur de la Reine et un des députés de Saint-Pierre Port, M. William Carey, avocat. Une pareille proposition peut-elle faire l'objet d'un amendement ?

« On se reporte aux textes. C'est depuis 1846 seulement que le droit de proposer des amendements appartient aux membres des États. Il faut que ces amendements n'aillent pas au delà de la proposition primitive.

« Il me semble que dans l'espèce M. Carey a mille fois raison. Un crédit est demandé aux Etats ; ils l'accordent avec une condition restrictive : le crédit sera employé par voie de soumissions au rabais. Le droit si important d'amendement deviendrait lettre morte s'il n'était pas permis d'en user en pareil cas.

« L'incident se termine par une sorte de transaction.

« Les États se bornent à prendre acte de l'engagement pris par M. le superviseur.

« Mais voici une question plus grave : le sort des enfants condamnés à l'emprisonnement par la Cour. M. le juré Jérémie prononce quelques paroles généreuses et émues qui entraînent une adhésion unanime. A défaut d'un établissement local, les jeunes malfaiteurs de Guernesey seront envoyés à une école réformatoire d'Angleterre.

« J'ignore comment sont organisées ces écoles. Mais si l'argent ne faisait pas défaut, les États de Guernesey possèdent en vue de la capitale du bailliage un admirable site pour un établissement de ce genre, l'île de Herm où les jeunes détenus pourraient vivre dans une liberté relative, l'immensité de la mer étant la plus efficace des barrières contre toute évasion. Là, ces enfants, plus malheureux que coupables, pourraient être employés aux travaux de l'agriculture, vivre au grand air de l'existence fortifiante de la campagne, ayant sous les yeux la terre promise, le pays natal, le magnifique panorama de la côte est de Guernesey.

« Si les Iles normandes s'unissaient dans un effort commun, si la générosité de l'Angleterre leur venait en aide, si une œuvre aussi utile tentait la libéralité de quelques donateurs, ce projet ne serait pas irréalisable, et il vaudrait mieux voir à l'île de Herm des enfants du pays, améliorés et développés par une discipline paternelle, que la société allemande qui en est devenue locataire emphytéotique et qui en barre toutes les routes de manière à y rendre la promenade impossible aux touristes.

« Les États abordent ensuite la discussion d'un projet considérable dont les officiers de la Reine paraissent avoir eu l'initiative. Il s'agit de donner aux pères de famille le droit de disposer d'une partie de leurs immeubles. Question grave s'il en fut, qui touche à l'intérêt public autant qu'à l'intérêt des familles et dont les meilleurs esprits se préoccupent dans tous les pays civilisés.

« Le double but à atteindre est de fortifier l'autorité du père et d'assurer la conservation héréditaire des domaines ruraux dans la même famille. C'est dans cet esprit qu'a été conçue l'admirable institution du *Hof* hanovrien dont les populations des provinces allemandes et autrichiennes réclament successivement l'une après l'autre l'application.

« Mais à Guernesey, on n'aime pas le changement, peut-être avec raison. Il ne faut pas ébranler l'arbre séculaire à l'ombre duquel ont grandi tant de générations. Il ne faut pas imiter la folie de quelques organes jersiais qui, sous prétexte de réformes, menacent la stabilité des institutions elles-mêmes. N'a-t-on pas vu récemment battre en brèche la justice honorifique et gratuite, une des gloires des Iles normandes ?

« La question de ce grand changement des lois de succession immobilière ne paraît pas mûre aux États. Le projet n'est peut-être pas la meilleure solution de cet important problème : il est rejeté.

« D'autres lois civiles sur les droits des femmes dans les successions collatérales, sur les prescriptions, sur les faillites sont votées un peu rapidement. Mais les travaux préparatoires devant la Cour, publiés dans la *Gazette Officielle* et provoquant la contradiction de tous les intéressés, expliquent cette rapidité.

« Désormais, la prescription des actions mobilières sera très réduite à Guernesey : six ans au maximum, — un an et un jour en cas de décès.

« Que les créanciers se le disent et ne perdent pas leur temps.

« Une discussion plus vive s'ouvre sur un projet d'acquisition d'immeubles. Il s'agit de saisir une occasion favorable permettant de donner un jour plus d'étendue au palais, fort modeste, qui est le siège des États et de la Cour. Mais les députés ont un parti pris d'économie. L'île est menacée de nouveaux impôts : ils ne veulent pas de nouvelles dépenses. On sent une opposition très résolue : les députés votent comme un seul homme, à l'unanimité, le rejet du projet. Deux membres de la Cour s'étaient séparés de leurs collègues ; deux recteurs avaient également voté avec les députés. Le projet est rejeté.

« Sans débat, mais non sans opposition, les États votent une légère dépense — 67 livres sterling — pour recevoir au fort George 2.916 fusils perfectionnés que le gouvernement anglais envoie à la milice de l'île.

« Quelques députés votent contre. Est-ce par esprit d'économie ? Est-ce parce que l'envoi d'engins de guerre leur paraît de mauvais augure ? Est-ce parce que les milices avaient jadis la garde de leurs fusils ?

« Il vaut mieux ne pas arrêter son esprit à de telles suppositions, ni troubler par de sinistres pronostics l'exposé de la réunion si pacifique des États de Guernesey. Que la paix règne à jamais dans ce pays béni du ciel, que les puissantes marines du monde ne viennent jamais donner à ces mers admirables le spectacle de leurs terribles collisions, que les vaincus de la politique, que les blessés de la vie puissent trouver l'hospitalité si affable de ces îles, modèles de bon sens, d'esprit pratique et de sage liberté, tel est le vœu qu'inspire le spectacle donné à tout observateur impartial par les États de Guernesey.

« Qu'ils maintiennent et transmettent aux générations futures, comme un honneur et comme un exemple, leurs bienfaisantes institutions. »

Il est curieux de constater que la population rurale de l'île de Sercq, sans relations directes avec la France, vivant sous un régime féodal à peine modifié, et que visitent rarement les touristes français, est peut-être celle qui parle le français le plus pur. L'instruction, rendue obligatoire par une ordonnance des Chefs-plaids de 1874, y est donnée en français, tandis qu'elle a l'anglais pour base dans les écoles de Guernesey et de Jersey. En 1887, l'Alliance française, sur le rapport de son délégué, M. Henri Boland, a envoyé à l'école communale des garçons de Sercq des livres et des cartes murales. Sercq avait alors pour pasteur anglican le révérend Ch. Vermeil, d'origine française, très aimé et très respecté dans cette petite île. Il avait établi une succursale de la bibliothèque Guille-Allès qui fournissait gratuitement des livres français aux habitants. Le révérend

Ch. Vermeil, mort récemment, a laissé à Sercq des regrets unanimes. Il a été remplacé par le révérend Seichan, ancien prêtre catholique français, qui a dans les îles une grande réputation d'éloquence. Quelques familles de pêcheurs anglais, fixées à Sercq, gagnées peu à peu par l'influence du milieu où elles vivent, parlent aujourd'hui français: Leurs enfants désapprennent la langue anglaise, tandis qu'à Jersey et à Guernesey les enfants des Français, en contact avec de jeunes Anglais, au bout de quelques années ne parlent plus couramment que l'anglais.

L'orgueil britannique ne s'accommode pas toujours facilement de cette suprématie du français.

Le 9 avril 1894, une proposition de loi émanant d'un ministre anglican de Jersey, le recteur de Grouville, le révérend Edouard Lefeuvre, demandait que fût autorisé « l'usage facultatif de la langue anglaise dans les États ». « Après une longue discussion, » la motion fut repoussée par 21 voix contre 12 et, selon l'expression parlementaire, le projet ne fut pas « *logé au greffe* ». Une nouvelle tentative fut faite en 1896. Le 6 février, l'assemblée des États de Jersey rejeta un bill qui devait autoriser ses membres à se servir de la langue anglaise pendant les sessions, — se basant sur ce fait que le français est la langue officielle de l'île, et non pas l'anglais, quoique cette dernière langue soit maintenant parlée dans plusieurs districts. Bien plus, le comité des États pour les écoles élémentaires vota le 13 février 1895 un règlement encourageant l'enseignement de la langue française par des subventions.

Il en est de même à Guernesey.

En décembre 1895, il fut proposé aux États de Guernesey de décider « qu'il serait loisible, à l'avenir, aux membres de l'assemblée des États de s'exprimer à leur choix en français ou en anglais ».

Le nouveau baillif, récemment nommé par la couronne en remplacement de sir Edgar Mac-Culloch, sir T. Godfrey Carey, rappela qu'une proposition du même genre avait été rejetée en février 1853, et exprima l'opinion que le moment n'était pas venu d'admettre cette innovation. Un des députés les plus populaires de Saint-Pierre Port, M. Ferguson, déclara que l'abandon du français, boulevard de l'autonomie des îles, serait une perte irréparable. M. de Haviland, quoiqu'il ne put, dit-il, *penser en français*, opina dans le même sens « à cause de l'amour passionné pour le français qui existe dans la campagne ». Un des plus anciens membres de la Cour royale, M. Tardif, déclara reconnaître cet amour passionné et l'éprouver lui-même. « Il y a cinquante ans environ, une personne lui disait : dans trente ans on ne parlera plus le français. Or cette langue est aujourd'hui tout aussi usitée, tout aussi vivace ; les propriétés, les titres sont tous fondés sur la langue française. Le jour où celle-ci disparaîtra, la constitution disparaîtra également, et elle sera remplacée par des membres du Parlement. » Un des pasteurs anglicans, le révérend Brock, se rallia à l'opinion de M. de Haviland touchant l'amour de la langue française par la population de l'île : « toute personne qui professerait du dédain pour elle dans la campagne serait lapidée. »

Bref, lors du vote, 27 voix contre 8 se prononcèrent pour l'emploi unique et obligatoire de la langue française aux assemblées des États.

Ce serait commettre une grave erreur que de croire que cette préférence si marquée pour la langue française puisse indiquer une tendance quelconque à l'annexion des îles à la France.

En 1896, une nouvelle à sensation fut répandue par la presse de Guernesey. Il s'agissait de négociations pour un projet de cession des Iles Normandes à la France. Le plus français des journaux de Guernesey, *le Bailliage*, publia immédiatement un curieux article de protestation :

Guernesey, samedi, 4 juillet 1896

EST-CE VRAI??
LES ILES DE LA MANCHE DONNÉES A LA FRANCE

SALISBURY VA BIENTÔT LES REMETTRE A LA FRANCE
COMME PRIX DE LA RECONNAISSANCE DU CONTRÔLE ANGLAIS
SUR L'ÉGYPTE

ELLES NE SONT D'AUCUNE VALEUR A L'ANGLETERRE
ET ELLES SONT DIFFICILES A DÉFENDRE

Dans notre numéro du 6 juin dernier, nous disions :
« Enfin, si l'on considère que la majorité des Anglais verrait sans déplaisir l'échange, avec la France, de Guernesey qui ne leur sert à rien (il en est toujours ainsi avec la majorité de MM. les Anglais qui toujours dédaignent ce qui NE PAIE PAS), contre la cession des droits français sur le banc de Terre-Neuve, nous croyons que tous les vrais Guernesiais seront d'accord, quant au maintien de la milice... »

Nous ne pensions, certes pas, dans ce moment que cette cession qui, nous le savions bien, plaisait beaucoup aux Anglais, était si près d'être un fait accompli. Or, d'après ce que notre confrère le *Star* reproduit d'un article paru dans le *Philadelphia Evening Telegraph* du 20 juin, il paraîtrait que c'est là une chose qui n'est un mystère pour personne dans les cercles officiels.

L'auteur de l'article, un ex-attaché d'ambassade, après avoir rappelé les conditions dans lesquelles s'est effectuée la cession d'Héligoland à l'Allemagne, dit que d'après des avis venant de Londres, et provenant de sources dignes de foi, Lord Salisbury est à la veille d'étonner une fois de plus ses flegmatiques compatriotes et de les faire sortir de leur léthargie en leur annonçant qu'il a conclu, avec le Gouvernement français, un arrangement similaire à celui conclu, il y a six ans, avec l'empereur Guillaume, lorsqu'il lui a cédé Héligoland, cette fois en ce qui concerne les Iles de la Manche. Il parait que cette cession fait l'objet des conversations dans les cercles officiels.

L'ÉGYPTE COMME COMPENSATION PROBABLE

L'auteur continue en disant que la compensation donnée à l'Angleterre est encore un mystère ; mais qu'on est porté à présumer que la France reconnaitra à l'Angleterre la possession de l'Égypte, ce qui permettrait à Lord Salisbury de transformer le pays du « Nil aux eaux fertilisantes » en un protectorat anglais définitif.

CE QUE LE PEUPLE ANGLAIS PENSERA

Sous ce titre, l'auteur dit que, suivant son opinion, il est à présumer que la cession des Iles de la Manche soulèvera, tout d'abord, un fort courant de l'opinion publique en Angleterre ; mais qu'après mûre réflexion, la nation conviendra que Lord Salisbury a agi avec une diplomatie consommée et une perspicacité extraordinaire. Les Iles de la Manche ne contribuent pas au budget britannique, ne sont d'aucune valeur commerciale à l'Angleterre, et dans les circonstances présentes, *seraient très difficiles à garder en cas de guerre avec la France*. Elles ne sont d'aucune utilité au Royaume-Uni, excepté comme menace dans le cas d'un conflit avec la France, à qui elles appartiennent géographiquement et ethnologiquement.

Ensuite, l'auteur se lance dans des considérations politico-guerrières dans lesquelles il fait entrer en ligne de compte, comme menace allemande contre la France, les îles d'Herm et de Jethou, possédées par le prince Blücher et M. Austin Lee.

Nous sommes réellement obligés de douter de la véracité de cette information, et ne pouvons croire qu'on ait disposé de nous sans notre consentement.

Il est vrai que les Anglais ne prennent pas beaucoup d'égards vis-à-vis de nous et de nos institutions ; mais, néanmoins, il nous est impossible d'admettre qu'ils nous considèrent si peu que de nous mettre au niveau d'un vil troupeau, ou d'une marchandise vulgaire qu'on vend quand elle ne plait plus, et nous cède ainsi à la France sans nous consulter.

Nous nous refusons à croire que le Gouvernement se serve de nous comme appât pour gagner l'Égypte, et nous sacrifie à ses appétits voraces. D'ailleurs, quel droit aurait-il pour le faire ? Notre terrain est bien à nous, et si nous avons accepté la suzeraineté anglaise, l'île n'ayant jamais été conquise, nous en sommes bel et bien propriétaires.

On nous parle de Héligoland. Y a-t-il quelque ressemblance entre ce pays de 3/4 de mille carré de superficie, et possédant 2.086 habitants, et les Iles qui ont une superficie de 73 milles carrés, et une population de 92.300 habitants? Et encore, si nous ne nous trompons pas, la population héligolandaise a été consultée avant d'être cédée à l'Allemagne!

S'il n'y a rien de vrai dans cette nouvelle, une cession, à n'importe quel moment, reste toujours suspendue sur nos têtes comme une épée de Damoclès, et nous croyons qu'un jour ou l'autre, l'Empire nous sacrifiera à ses appétits inavoués ; mais ne le laissons pas faire. Si nous, les loyaux sujets de Sa Majesté, sommes reniés par son Gouvernement, restons libres, et ne pouvant le contraindre à nous garder, disposons de nous-mêmes.

Nous espérons que ce moment est loin, et Dieu nous est témoin que ce n'est pas nous qui demandons la scission ; mais tout ce que nous pouvons faire, c'est de conserver notre liberté, et dans n'importe quel cas, garder le libre arbitre de nos destinées.

Nous sommes surpris d'entendre répéter officiellement ce que nous avons, à diverses reprises, entendu de la bouche des citoyens anglais, savoir que les îles seraient très difficiles à garder en cas de guerre avec la France. Où est donc la puissance de l'Angleterre, la *Reine des Mers*, si elle n'est pas assez forte pour défendre ces quelques ilots, dont la position stratégique naturelle rend la défense facile? On veut nous effrayer pour nous rendre la pilule moins difficile à avaler, lorsque le moment en sera venu.

Nous le répétons, nous ne croyons pas que l'affaire soit conclue ; les bruits qui ont couru sont des ballons d'essai ; mais nous sommes persuadés que l'intention égoïste de nombre d'Anglais (nous ne savons si le Gouvernement est de cet avis) est bien de faire marché de nous, et de faire un bon échange en profitant d'un terrain qui ne leur appartient pas.

Dans tous les cas, nous espérons que s'il n'y a rien de vrai dans ces bruits, on y donnera un démenti officiel.

Dans le cas où on ne le ferait pas, nous serions obligés de croire à leur véracité, et de prendre nos mesures en conséquence.

Le bruit dont s'était ému le *Bailliage* n'avait aucun fondement. Guernesey reste un des innombrables « Dominions » de la reine d'Angleterre. Lord Salisbury a daigné faire répondre que « ce rapport était absurde, et que l'idée de céder ces îles à une puissance quelconque n'avait jamais été entretenue par le Gouvernement de sa Majesté ».

Ces velléités d'indépendance n'empêchent pas d'ailleurs le *Bailliage* de déclarer :

« Nous ne voulons en aucune façon nous soustraire au destin de la mère-patrie, nous sentons que notre avenir politique et notre autonomie sont intimement liés au sien propre, que les malheurs de l'Angleterre comme ses succès sont les nôtres, comme sont aussi ses ennemis. »

Les sentiments qu'éprouvent les habitants des Iles Normandes sont de tous points semblables à ceux qu'exprimait, dans un récent voyage à Paris, sir Wilfrid Laurier, premier ministre du Canada :

« Je me sers, disait-il, de ma langue maternelle, de la langue que j'ai apprise aux genoux de ma mère, qui fut apportée au Canada voici plus de trois siècles, par des colons venus de France, et que leurs descendants ont religieusement, pieusement conservée pour la transmettre eux-mêmes à leurs enfants et aux enfants de leurs enfants.

« Oui, si l'empire britannique s'est élevé aux magnifiques proportions qu'il présente au monde, et que la France, seule, je crois, de toutes les nations de l'Europe, consciente de sa force et de sa grandeur, a su reconnaître et apprécier, il ne s'est élevé, il ne s'est maintenu, il ne saurait se maintenir que sur les larges assises de la liberté, de la liberté civile, politique et religieuse, de la liberté qui sait respecter les croyances, la langue, les institutions, les lois, les coutumes de tous les éléments divers qui, sur tous les points du globe, reconnaissent la suzeraineté de la couronne, portée aujourd'hui avec tant d'éclat par Sa Majesté la reine-impératrice.

« Si, en devenant sujets de la couronne britannique, nous avons su conserver nos anciens droits et même en acquérir de nouveaux, d'un autre côté, nous avons contracté des obligations que, descendants d'une race chevaleresque, nous savons pleinement reconnaître et que nous tenons à honneur de proclamer.

« Pour moi, je n'hésite pas à déclarer, parlant ici au nom de mes compatriotes, comme je crois en avoir le droit, que par raison politique et par reconnaissance, je suis profondément attaché aux institutions britanniques. A l'heure présente, nos relations avec la mère-patrie nous conviennent absolument. Nous sommes satisfaits de notre lot. Nous sommes de fait une nation et virtuellement indépendants.

« Je me suis laissé dire qu'ici, en France, il est des gens qui s'étonnent de cet attachement que j'éprouve et que je ne cache pas pour la couronne d'Angleterre ; on appelle cela ici du loyalisme. Pour ma part, soit dit en passant, je n'aime pas cette nouvelle expression de loyalisme ; j'aime mieux m'en tenir à la vieille locution française de loyauté. Et certes, s'il est une chose que l'histoire de France m'a appris à regarder comme un attribut de la race française, c'est la loyauté, c'est la mémoire du cœur. Je me rappelle, messieurs, ces beaux vers que Victor Hugo s'est appliqué à lui-même, comme inspiration de sa vie :

> Fidèle au double sang qu'ont versé dans ma veine,
> Mon père vieux soldat, ma mère vendéenne.

« Cette double fidélité à des idées, à des aspirations distinctes, nous nous en faisons gloire au Canada. Nous sommes fidèles à la grande nation qui nous a donné la vie, nous sommes fidèles à la grande nation qui nous a donné la liberté. »

C'est un grand honneur pour l'Angleterre et un grand exemple pour toute les nations que cette fidélité et cette reconnaissance inspirées par une sage politique dans des conditions si dissemblables et dans deux parties du monde si éloignées l'une de l'autre.

Les analogies qui existent entre les institutions de l'archipel normand et celles de l'île de Man sont également bien frappantes.

En dehors de la curieuse cour de Tynwald dont l'originalité est saisissante et où sont promulguées dans un meeting en plein air les lois votées pendant l'année, les deux deemsters de l'île de Man rappellent le bailli de Jersey et le baillif de Guernesey, les vingt-quatre keys ont de nombreux points de ressemblance avec les douze jurés-justiciers de Jersey et de Guernesey et avec les quarante tenanciers de l'île de Serck. Un gouverneur représente dans l'île de Man l'impératrice-reine d'Angleterre, avec des pouvoirs beaucoup plus étendus que dans les Iles Normandes :

« Les pouvoirs législatifs, judiciaires et exécutifs

sont largement concentrés en la personne du gouverneur, dit Spencer Walpole, et chose étrange, le progrès des idées tend à étendre et non à limiter son autorité... Le gouverneur paraît en possession d'une autorité presque autocratique. Responsable envers la Couronne seulement, il semble au premier aspect qu'il n'y ait aucune limite à son pouvoir. Mais en pratique un gouverneur en communication constante avec le peuple qui approche de lui pour toute espèce d'affaires et qui se trouve périodiquement en sa présence à Tynwald, non seulement avec son conseil, mais avec les deux branches de la législature, apprend à modeler ses vues sur les vues du peuple et à réaliser ses désirs. Aussi l'accroissement de son autorité est-elle vue sans jalousie. La législature qu'il préside le voit avec plaisir exercer sa légitime influence en favorisant et dirigeant le bon gouvernement de l'île. »

Ces similitudes s'expliquent par une origine commune. Les Normands qui ont conquis l'île de Man étaient, comme Rollon, des Danois. Leur premier chef, Orry, qui s'était emparé des Orcades et des Hébrides, avait établi à Man le siège d'un gouvernement régulier. « C'est à sa politique, dit David Robertson dans ses *Observations sur l'histoire des Manks*, que les Manks doivent l'origine de leurs représentants constitutionnels... Sans l'assentiment de la chambre des keys, aucune loi ne pouvait être obligatoire ni aucun impôt levé. Les keys dans les occasions importantes formaient la grande chambre des enquêtes de la nation, assistaient au jugement où il s'agissait de la vie d'un sujet, et le plaignant pouvait appeler devant eux de toutes les causes jugées par les tribunaux civils ».

A leur entrée en fonctions, les deemsters prêtent serment « de rendre la justice entre deux justiciables aussi également que l'arête est placée entre les deux côtés du hareng ».

D'après une vieille coutume, « si un homme viole la chasteté d'une fille, les deemsters remettront à cette dernière une corde, un sabre et une bague, et alors elle sera libre de faire pendre, décapiter... ou d'épouser son ravisseur ».

— « Les Manks, dit Robertson, ont encore un usage. L'évêque ou quelque prêtre nommé par lui siège toujours à leur grand tribunal avec le gouverneur, jusqu'à ce que la sentence de mort (s'il y en a) soit prête à être prononcée. Le deemster demande au jury (au lieu de : est-il coupable ou ne l'est-il pas ?) *Vod fircharree soie ?* Ce qui, traduit littéralement, veut dire : l'homme d'église ou celui qui sert à l'autel peut-il continuer de siéger? Si le président répond négativement, l'évêque ou son substitut se retire, et alors on prononce la sentence contre le criminel. »

« Cette petite île, dit Spencer Walpole, a préservé avec un entier succès l'indépendance que les ancêtres lui avaient assurée. Elle jouit de tous les avantages que des institutions autonomes peuvent donner à un peuple, et elle a conservé ces privilèges tandis que ses voisins et des communautés plus vastes en ont été privées..... L'autonomie a fait des habitants de Man une communauté loyale, ordonnée, facile à gouverner... Les institutions autonomes, dont l'île de Man donne l'exemple, développent une capacité croissante pour le travail. » (*The land of Home Rule*, 1893 [1].)

Le gouvernement britannique ne songe nullement à ramener à l'uniformité ces législations locales; il laisse à ces populations diverses leurs traditions, leurs coutumes et, dans l'activité de la vie moderne, la plus large initiative. Il en est récompensé par l'attachement que lui témoignent tous les intérêts qu'il sait ainsi satisfaire.

---

[1] *The Manxman*, roman de Hall Caine qui a eu un immense succès il y a quelques années en Angleterre, se passe dans l'île de Man et contient une peinture très attachante des mœurs de ce petit pays.

VI

Les institutions des îles. — Les gouverneurs. — Le bailli de Jersey et le baillif de Guernesey. — Conflits des baillis avec les gouverneurs.

Quelles sont donc ces institutions, défendues avec tant de dévouement et de sollicitude, auxquelles les habitants des Iles Normandes attribuent, avec raison, non seulement leur prospérité matérielle, mais les bienfaits inestimables dont ils jouissent : la paix, la concorde et l'union ?

Sans être identiques, elles ont un caractère commun. Le pays se gouverne lui-même ; les fonctions publiques, presque toutes gratuites, y sont réduites au strict nécessaire. Les impôts d'État consistent presque exclusivement dans une taxe à l'entrée des vins et des liqueurs spiritueuses.

L'impôt direct, fixé par les représentants des contribuables dans une mesure aussi restreinte que possible, sévèrement administré, est employé aux besoins locaux des paroisses.

Cette organisation, plus démocratique à Jersey, est, à Guernesey et à Aurégny, plus oligarchique, et à Sercq tout à fait féodale. Elle assure partout la solution pacifique des difficultés qui ailleurs surexciteraient le plus violemment les passions populaires.

A Jersey et dans le bailliage de Guernesey il existe deux hautes autorités, toutes deux nommées par la Couronne, le gouverneur, chef militaire, représentant de la Reine, et le bailli ou baillif, président des États et de la Cour royale, chef suprême de toute l'administration civile de l'île.

Le gouverneur est un officier général de l'armée anglaise, commandant en chef des forces militaires de l'île où il est en fonctions, de ses garnisons, châteaux forts et dépendances. Il commande également la milice dont il nomme les officiers. Un arrêt de la Cour royale de Jersey, du 16 janvier 1873, lui a reconnu le droit de leur retirer leurs commissions, à la condition d'en référer au secrétaire d'État.

Nommé par la Couronne il reçoit d'elle un traitement élevé : 1.200 livres (30.000 francs) à Jersey, outre divers émoluments et la solde d'officier général en activité de service ; — 1.700 livres (42.500 francs) à Guernesey, dont le gouverneur a sous son commandement Aurégny avec ses

7.

forts et son importante garnison. Il est assisté d'un état-major composé de quelques officiers et de deux secrétaires civils pour la garde des archives et l'expédition de la correspondance. Le gouverneur de Guernesey délègue un major commandant la garnison d'Auregny pour le suppléer dans cette île.

En dehors de ses pouvoirs militaires, la mission du gouverneur est surtout de représenter la Reine avec honneur, et de veiller, s'il en était besoin, à la sauvegarde de ses prérogatives. Il a droit de séance aux États des Iles et aux assemblées de Chefs-plaids de la Cour royale de Guernesey. A Jersey il peut suspendre, par sa voix dissidente ou *veto*, l'exécution des lois votées par les États, lorsque ces lois sont immédiatement exécutoires sans attendre la sanction de la Reine. Il a les attributs politiques et militaires du pouvoir exécutif, tandis que « le pouvoir exécutif, judiciaire et civil, appartient, dit la cour de Guernesey, pleinement aux habitants et est exercé, au judiciaire par le prévôt élu par les États, et au civil par les connétables élus par les paroisses respectives [1]. »

A son entrée en fonctions le gouverneur prête

---

[1] Arrêt du 7 mars 1844. — A Jersey le pouvoir exécutif judiciaire est rempli par le vicomte et par deux sergents de justice, appelés dénonciateurs.

serment devant la cour non seulement « de défendre l'État, tant spirituel que temporel, de Sa Majesté dans ses royaumes et états, renonçant aux faits et ordonnances du pape, et à tout autre pouvoir forain et juridiction étrangère, et de garder fidèlement et maintenir en l'obéissance de notre dit Seigneur le Roi et de ses successeurs Rois et Reines de la Grande Bretagne les Isles, châteaux et forteresses confiés à sa garde » — mais aussi « de maintenir et garder les privilèges, libertés et anciennes coutumes usitées et accordées par Sa dite Majesté et ses illustres prédécesseurs, et de maintenir et entretenir les ordonnances de justice ».

Dans un manuscrit qui paraît avoir été écrit vers 1700, le bailli Le Geyt dit qu'à Jersey, « dans ces dernières années, l'office de bailli n'a été donné que durant le bon plaisir du prince ». En principe, il en est encore ainsi aujourd'hui. Cependant, en fait, le bailli de Jersey conserve toujours sa charge sa vie durant.

A Guernesey, le bailli s'appelle baillif, orthographe conforme à celle de l'ancien coutumier de Normandie. Depuis 1607, le baillif de Guernesey est nommé à vie, jouissant ainsi du privilège de l'inamovibilité qui n'appartient pas au bailli de Jersey.

Cette inamovibilité a, paraît-il, des inconvénients. Le dernier baillif de Guernesey, sir Edgar Mac-Culloch, avait été élevé à cette dignité en 1884. Il était déjà d'un grand âge, et cependant on pouvait dire encore en 1889 qu'à « l'âge de quatre-vingt-un ans, il exerçait ses multiples fonctions avec une grande autorité et une grande dignité, entouré du respect universel ».

Quelques années plus tard, en 1895, un mouvement se produisit pour provoquer sa démission.

« En ce qui touche les travaux et les responsabilités d'un baillif, écrivait le *Bailliage*, il est plus aisé de les imaginer que de les décrire, celui-là seul le sait qui les a assumés et remplis, celui-là seul les connaît qui en a eu le fardeau. Variées, délicates, difficiles, ces responsabilités exigent une réelle aptitude au travail, à l'étude des lois et à l'administration, sans en excepter une certaine fermeté indispensable à tout chef. »

Quoique dirigé par un des principaux avocats du barreau de Guernesey, ce journal ne craignit pas d'adresser au vieux baillif une sommation pénible, mais devenue nécessaire.

Sir Edgar Mac-Culloch, âgé de quatre-vingt-sept ans, ne pouvait plus guère remplir aucun des devoirs de sa charge. Il se décida à donner sa démission en janvier 1895.

« Nous avons été les premiers, dit à ce sujet le *Bailliage*, à demander hautement au baillif de résigner des fonctions qu'il ne pouvait plus remplir, des fonctions qui étaient incompatibles avec son âge et ses facultés physiques. Nous n'avons donc été nullement surpris de sa résolution ; nous n'avons point été étonnés de voir qu'il avait enfin compris que, s'il se refusait à adopter ce parti de bonne grâce, ses concitoyens se verraient à regret contraints de lui forcer la main. Par forcer la main, nous entendons la possibilité d'une allusion dans ce sens venant de haut lieu, car nous savons de bonne source qu'une pétition signée par les diverses douzaines de l'île ne pouvait guère tarder à être envoyée au gouvernement anglais.

« Lorsque dans nos numéros des 1ᵉʳ et 15 décembre, nous avons abordé cette question épineuse de la résignation nécessaire du bailliff, nous ne l'avons fait qu'après mûre réflexion, car nous nous rendions bien compte de la délicatesse de ce sujet. Autant que qui que ce soit, nous avons admiré l'homme, autant que qui que ce soit, nous avons payé un juste tribut d'hommage à la fidélité avec laquelle sir Mac Culloch avait géré les charges que lui avaient confiées ses concitoyens, avant même qu'il fut élevé par Sa Majesté au poste de bailliff, avec une distinction nobiliaire. Le *Vox Populi*

Vox Dei se trouve une fois encore réalisé, car aujourd'hui sir Mac Culloch rentre dans la vie privée pour le bien de son pays, et dans sa retraite il est suivi, comme tout homme de bien, de l'estime et du respect de ses concitoyens pour sa dignité, son honorabilité et son intégrité. »

Les nécessités des affaires publiques et l'état de l'opinion avaient amené le très respectable sir Edgar Mac Culloch, qui s'attardait dans sa haute dignité devenue trop lourde pour lui, à faire ce sacrifice.

Le successeur de sir Edgar Mac-Culloch n'a été nommé, paraît-il, qu'à la condition de se retirer à l'âge de soixante-dix ans.

Les rapports des gouverneurs et des baillis ont soulevé quelquefois des difficultés sérieuses. Le principe, défendu avec persévérance par les États des Iles, et qu'au cours de divers conflits la Couronne a toujours fini par admettre, est que si le gouverneur exerce sans partage, dans sa plénitude, l'autorité militaire, le bailli doit toujours avoir la suprématie et la présidence effective dans les affaires civiles. Pour rendre en quelque sorte sensible cette suprématie, aux séances des États, le bailli président occupe la place d'honneur et le gouverneur vient prendre place à sa droite sur un siège ordinaire.

Le souvenir des conflits des États et de la Cour

royale de Guernesey avec le gouverneur major général William Napier, d'un caractère hautain et très entier, sont encore vivants à Guernesey. Le major général Napier avait une grande influence en Angleterre. Il obtint presque toujours gain de cause dans ses luttes contre les autorités civiles de l'île à la tête desquelles se trouvait à cette époque le-baillif Jean Guille.

Les causes de conflit étaient souvent de peu d'importance. Mais les principes contestés par le gouverneur touchaient aux plus anciens privilèges des Iles Normandes.

Tel jour, le gouverneur Napier expulsait de l'île un Français domicilié à Guernesey, sans en référer à la Cour. Tel autre jour, il relaxait un condamné gracié par la Reine, sans enregistrement de l'acte de grâce, et menaçait pour délivrer le prisonnier de faire forcer la prison par un détachement de troupes anglaises. Il déférait à la Cour royale le portier de la prison, coupable d'avoir voulu en référer à son chef hiérarchique, le prévôt de la Reine.

Par arrêt du 7 mars 1844, la Cour royale de Guernesey acquitta le malheureux portier qui avait obéi aux ordres des plus hautes autorités civiles de l'île et qui avait ainsi encouru la colère de l'irascible gouverneur.

Cet arrêt est ainsi libellé dans les archives de la Cour royale.

« Le lieutenant gouverneur, ayant reçu du Conseil privé l'ordre de mettre en liberté un condamné gracié, voulut faire exécuter directement cet ordre. Sur le refus du portier de la prison, il menaça d'employer la force armée pour forcer la prison. Le prisonnier fut alors relaxé sous réserve de la responsabilité du lieutenant-gouverneur.

« Le portier de la prison fut poursuivi pour avoir refusé d'obéir à la lettre de pardon et ordre de la Reine. La Cour royale acquitta le portier, considérant :

« 1. — Que par la Constitution de cette Isle, la Cour royale a toujours eu et doit avoir la vérification et entérinement de tous ordres, chartes, actes, commissions, ou patentes de Sa Majesté en son conseil, envoyés en cette isle, le tout afin que pour cela ils soient publiés et deviennent notoires, que personne n'en prétende cause d'ignorance, et qu'ils reçoivent de suite leur exécution.

« 2. — Considérant que, cette vérification et entérinement est la seule sauvegarde qu'ont cette Cour royale et les habitants pour la conservation des lois, libertés et privilèges de cette île, et offre la seule occasion qu'ils ont, avant l'exécution desdits ordres, chartes, actes, commissions ou patentes, pour supplier Sa Majesté de redresser telle disposition y contenue, qui porterait atteinte à nos dites lois et privilèges.

« 3. — Considérant, qu'un pouvoir exécutif, et politique et militaire, ne peut être juge de la nature d'aucun acte touchant l'administration militaire et civile, et les exécuter avant leur vérification, sans mettre constamment lesdites lois et libertés non seulement en danger, mais aussi sans les enfreindre toutes les fois que ces ordres seraient par inadvertance ou autrement subversifs de la Constitution.

« 4. — Considérant que, pour éviter ce danger, la Cour royale est établie « *moyen juge* » entre le Roi et les habitants du pays, afin de conserver tant les droits de la Couronne que les droits des habitants, et que la Cour s'assemble de suite pour ladite vérification et entérinement, afin que les ordres de Sa Majesté reçoivent une exécution immédiate.

« 5. — Considérant que par diverses chartes octroyées à cette isle par les prédécesseurs de Sa Très Excellente Majesté, le pouvoir exécutif, tant judiciaire que civil, appartient pleinement aux habitants de cette isle, et est exercé au judiciaire par le prévôt, élu par les États de cette isle, et au civil par les connétables élus par les paroisses respectives : la prérogative royale ne s'étant réservée en la personne du lieutenant-gouverneur que les attributs politiques et militaires du pouvoir exécutif, qui sont distincts des susdits pouvoirs exécutifs judiciaire et civil, et ce sans que ladite prérogative royale en souffre aucune atteinte, vu que M. le baillif est nommé également comme M. le lieutenant-gouverneur par la patente de Sa Majesté et est son représentant direct et le chef suprême du pouvoir civil et judiciaire de cette isle, auquel lesdits prévôts et connétables sont subordonnés.

« 6. — Vu que ladite lettre de pardon ne fut pas et n'a été vérifiée et entérinée par cette Cour royale avant que Son Excellence la présentât audit portier demandant la mise en liberté du prisonnier Fossey, et conséquemment que cette précaution n'était pas accompagnée et revêtue des formalités voulues par la loi expresse portée aux folios 468, 537 et 538 de Terrien, approuvée par le prince, pratiquée constamment dans cette isle en pareil cas, et n'était encore exécutoire.

« 7. — Considérant que ledit Etienne Barbet ne demanda alors que le temps de voir le prévôt, son supérieur, et déclara ne vouloir aucunement désobéir aux ordres de Sa Majesté, mais au contraire les observer fidèlement, et que par sa conduite passée il a fait preuve de zèle, humanité et fidélité dans la décharge de ses fonctions.

« 8. — Considérant que, la lettre de pardon était adressée conjointement à Son Excellence le lieutenant-gouverneur, au gardien de la prison publique, et à tous autres à qui il appartient et que ledit pardon ne requiert pas que ceux à qui il était adressé le missent eux-mêmes à exécution, mais au contraire qu'ils étaient commandés de le faire exécuter, Sa Majesté voulant sans doute que cette exécution eut lieu conformément aux lois et usages de cette île.

« 9. — Considérant que le portier est le subordonné du prévôt et lui est responsable des prisonniers confiés à sa garde, pour que, lorsque le portier en sera requis, ils soient, par le prévôt, délivrés en justice, et que le portier ne peut, non plus, les élargir sans l'autorité du prévôt.

« 10. — Considérant, de plus, qu'il a paru à la Cour, lors de l'examen desdits témoins, que Son Excellence le lieutenant gouverneur, en conséquence de l'objection que fit, en premier lieu, ledit portier, d'obtempérer à sa demande de lui livrer le prisonnier Fossey sans l'autorité du prévôt, menaça alors de forcer la prison, et effectivement fit partir le major Baimbrigge, commandant la place, pour chercher la troupe à l'effet de forcer ladite prison, lorsque le portier, pour prévenir l'attaque de la force armée qui allait être employée contre lui, libéra le prisonnier Fossey, déclarant qu'il le faisait sur la responsabilité de Son Excellence le lieutenant-gouverneur.

« 11. — Considérant que le refus du portier, dans aucun cas, ne pourrait justifier l'emploi de la force armée, et que l'ordre donné à cet effet de forcer la Prison est un attentat que la loi réprouve, et qui substitue la force aux lois qui régissent ce pays, et que le lieutenant-gouverneur est tenu le premier de respecter.

« 12. — Considérant que, la paix publique n'était nullement interrompue, et que la Cour se serait volontiers assemblée de suite pour vérifier et entériner ladite lettre de pardon, ainsi qu'il a toujours été pratiqué en cette île, afin que l'effet de l'acte bienveillant de Sa Majesté ne fut pas suspendu et que Fossey eut aussi les avantages du record de son pardon.

« 13. — Considérant que l'envoi de la troupe, pour forcer la prison, est une infraction positive de l'Ordre du Conseil du 30 juin 1608, qui défend expressément au lieutenant-gouverneur d'avoir recours à la juridiction martiale, excepté en cas de guerre ou pour éviter quelque danger imminent, et ce, afin que le cours ordinaire de la justice ne soit pas interrompu.

« 14. — Considérant qu'il est essentiel au maintien des lois, du bon ordre et de la saine administration des affaires, que les formes légales soient observées par les fonctionnaires publics, surtout lorsqu'il s'agit d'un acte qui concerne l'administration judiciaire, et conséquemment que ledit Etienne Barbet ne pouvait obtempérer à ladite demande avant que lesdites formes n'eussent été remplies, et qu'il n'en reçut l'ordre de son supérieur immédiat.

« En considérant qu'il est du devoir de cette Cour royale de revendiquer l'autorité de la loi, maintenir les chartes et privilèges de cet isle, et prévenir de pareils attentats à l'avenir, — et sans vouloir aucunement manquer à la Prérogative royale ou de respect envers Sa Très Excellente Majesté, — elle se réserve entière dans ses droits, pour, au cas de besoin, adresser ses griefs à Sa Très Excellente Majesté en son conseil, ou prendre telles autres mesures qu'elles croira à propos.

« La Cour, vu les circonstances et pour lesdites raisons, renvoie ledit Etienne Barbet de ladite accusation. ».

Comme l'annonçait l'arrêt, la Cour royale de

Guernesey soumit ses griefs au Conseil privé sous forme de questions à résoudre.

Le 13 janvier 1845 intervint un Ordre de la Reine en conseil qui fut enregistré le 1ᵉʳ février suivant par la Cour de Guernesey.

Il portait,

« Sur la première question ainsi formulée :

« Les résidents ayant acquis domicile à Guernesey ne peuvent être déportés que de la manière que le capitaine aura ordonnée et prescrite *avec l'avis du baillif et des jurés.* »

— « Leurs Seigneuries sont d'opinion que l'avis du bailli et des jurés n'est pas nécessaire à l'effet d'autoriser le capitaine à exercer le pouvoir en question. Par ce mot : *Capitaine*, Leurs Seigneuries entendent comprendre le gouverneur, et en son absence, ou pour le cas où il n'y aurait pas de gouverneur, le lieutenant-gouverneur ou la personne exerçant le pouvoir de gouverneur ou de lieutenant-gouverneur. »

. . . . , ...

« Sur la troisième question : « Les lettres de pardon doivent avoir été vérifiées et enregistrées par la Cour royale avant d'être exécutées. »

— « Leurs Seigneuries sont d'avis qu'une lettre de pardon n'a pas besoin d'être vérifiée et enregistrée par la Cour royale avant d'être exécutée. »

« Sur la quatrième question : Le lieutenant-gouverneur n'était pas autorisé à forcer à l'obéissance dudit écrit de pardon par un recours à la force armée.

— « Leurs Seigneuries sont d'opinion qu'il était du devoir du portier de délivrer le prisonnier sur la production du pardon sous le signe manuel (main de la Reine), mais le portier n'étant pas au service du lieutenant-gouverneur pour la garde du prisonnier, Leurs Seigneuries sont d'opinion que le lieutenant-gouverneur n'était pas autorisé à forcer à l'obéissance à l'écrit de pardon par un recours à la force militaire ou autre. »

Sauf sur ce dernier point, le gouverneur l'emportait.

L'échec était pénible, mais ce précédent n'a pas prévalu dans une circonstance analogue.

A Jersey, le bailli, les États et la Cour royale eurent meilleur succès. Ils n'avaient pas affaire à un gouverneur aussi puissant et aussi acharné que le major-général Napier.

Pour perpétuer le souvenir de la visite de la reine Victoria à Jersey, les États y fondèrent un grand établissement d'instruction qui domine la ville, le collège Victoria. Un Ordre en conseil rendu en 1853 décida que ce collège serait administré par un comité dont la présidence appartiendrait au lieutenant-gouverneur de l'île. Les États adressèrent une pétition à la Reine disant que cette disposition était une violation des droits du bailli et par conséquent des droits constitutionnels des loyaux sujets de Sa Majesté dans l'île.

Après un long délai, ils obtinrent gain de cause. L'Ordre du Conseil fut rapporté et les États votèrent le 2 août 1860 une loi jersiaise règlementant le collège Victoria. D'après cette loi, le comité devait être composé de douze membres : le lieutenant-gouverneur, le bailli, quatre jurés-justiciers, le doyen de Saint-Hélier, un autre recteur de paroisse, deux connétables et deux députés choisis par les États. L'article 4 portait que « *le bailli serait président du dit comité* ». Le Conseil privé confirma ce règlement par décision du 26 octobre 1860. Les États de Jersey l'avaient emporté.

Une difficulté analogue s'est produite récemment. Il s'agissait du comité d'administration de la prison. Jusqu'en 1837 les dépenses d'entretien de la prison publique de Jersey et celles qu'entraînaient les prisonniers étaient à la charge des revenus que la Couronne tirait de l'île. Cependant les États avaient construit une prison et acheté le terrain qui l'entourait, faisant sur les deniers des contribuables une dépense d'une vingtaine de mille livres. En 1836 l'aménagement de la prison avait été jugé si défectueux que lord John Russell avait envoyé d'Angleterre un délégué chargé d'étudier les mesures à prendre pour y porter remède.

La dépense annuelle fut évaluée à 600 livres, et dans un premier projet, l'administration de la prison devait être confiée aux officiers de la Couronne.

Des négociations furent engagées avec les États de Jersey ; ils acceptèrent de supporter la moitié de la dépense, soit 300 livres, et même tout excédent que des circonstances imprévues rendraient nécessaire, mais à la condition formelle qu'une moitié des membres du comité d'administration, serait nommée par les États. Cette condition fut acceptée le 11 décembre 1837 par un Ordre de la Reine en Conseil portant qu' « il serait formé un comité dans l'île de Jersey, sous le nom de comité de la prison ; que ce comité serait composé de six membres dont trois seraient choisis par les États de Jersey et au nombre desquels serait le bailli ; que les trois autres membres seraient composés du lieutenant-gouverneur en fonction dans ladite île, du shériff ou député shériff (habituellement dénommé le vicomte ou député vicomte), et un des receveurs des revenus de Sa Majesté à désigner par Elle ».

L'enregistrement de cet Ordre eut lieu le 27 décembre suivant avec la sanction des États qui s'empressèrent de nommer les connétables de Saint-Martin et de Saint-Hélier, conjointement avec le bailli, pour faire partie de ce comité d'administration, et dès le 30 décembre, le comité tint sa première séance.

Il fut présidé par le bailli sans que le lieutenant-gouverneur d'alors soulevât aucune réclamation et il continua à en être ainsi jusqu'en 1891. A plusieurs reprises, les règlements de la prison approuvés en 1845 par le secrétaire d'État, un jugement du comité judiciaire du Conseil privé rendu en 1855, une commission chargée en 1860 de faire une enquête sur la législation de l'île de Jersey reconnurent que le président du comité de la prison était, en vertu de sa charge, le bailli.

Pendant ce temps, les dépenses d'entretien de la prison et des prisonniers dépassaient les prévisions primitives ; de 600 livres elles s'élevaient à 1000 livres, et comme les États s'étaient engagés à payer tout l'excédent, ils supportaient en réalité les deux tiers de la dépense.

Le 22 juin 1891, un Ordre de la Reine en conseil décida que lorsque le lieutenant-gouverneur assisterait aux séances du comité de la prison, il en aurait la présidence, et qu'en toute occasion le président du comité aurait un double vote ou voix prépondérante.

Les États de Jersey s'émurent de cette innovation. Ils rappelèrent que l'Ordre du Conseil de 1837 avait été un véritable contrat; que les contribuables de Jersey ne pourraient continuer à supporter les charges auxquelles ils s'étaient soumis s'ils étaient privés d'une part des garanties ou du contrôle sur lesquels ils avaient le droit de compter. Ils ajoutèrent « qu'il y avait violation des usages constitutionnels de l'île en vigueur depuis plus de trois siècles; que, pendant cette période, il avait été de pratique constante, reconnue par Sa Majesté et par ses royaux prédécesseurs, que dans toutes les affaires civiles le bailli de l'île devait être investi de la présidence ».

L'affaire fut portée devant le Conseil privé et les États de Jersey eurent gain de cause.

Les lords composant le conseil exprimèrent l'opinion que l'Ordre de 1891 avait matériellement altéré l'arrangement intervenu en décembre 1837, sur la base duquel les États avaient consenti à passer les actes nécessaires pour fournir leur contribution financière ; il y avait eu accord à cette époque. Par un nouvel Ordre en conseil du 27 juin 1894, la reine révoqua l'Ordre de 1891.

Les États de Jersey ordonnèrent avec joie le 13 juillet 1894 l'enregistrement de l'Ordre qu'ils avaient sollicité. « Les États, exprimant la vive satisfaction qu'ils éprouvent de ce que Sa Très Excellente Majesté a accordé leur prière en rappelant ledit Ordre du 23 juin 1891, ont ordonné l'impression de l'Ordre du Conseil du 27 juin 1894, et que des exemplaires soient distribués aux membres de l'assemblée, et ont prié M. le bailli de présenter ledit Ordre du 27 juin 1894 à la Cour royale, afin qu'il y soit dûment enregistré. »

Suivant l'usage, dans ces publications, les Ordres de la Reine en conseil sont en anglais, tandis que les décisions des États de la Cour royale sont toujours en français.

VII

L'île de Jersey. — Les États, pouvoir législatif. — Leurs rapports avec la Couronne d'Angleterre. — Abrogation de la féodalité tenue en suspens. — Droit de voter des lois provisoires.

En dehors des cas exceptionnels où des lois anglaises sont enregistrées dans les îles avec l'assentiment volontaire ou forcé des États, le pouvoir législatif est exercé dans les Iles du Canal par les États de chacune d'elles. Ces lois locales ne deviennent définitives que lorsqu'elles ont été confirmées par un Ordre de la Reine en conseil.

Quoique présentant de grandes analogies, la composition des États et leur mode de délibération, l'organisation administrative et judiciaire varient dans les diverses îles.

Sous la présidence du bailli, les États de Jersey se composent de douze jurés justiciers, membres de la Cour royale et élus à vie par les contribuables de l'île. Viennent ensuite les recteurs anglicans des douze paroisses de l'île, nommés par la Reine. Les fidèles anglicans ne représentent que les cinq douzièmes de la population, soit 25.000 âmes. Il y a en outre 10.000 catholiques environ, d'origines très diverses, et 25.000 protestants indépendants. La part d'influence accordée aux recteurs anglicans est donc manifestement excessive. « C'est une question de temps, » disent les Jersiais sans trop s'en émouvoir : ils ajoutent d'ailleurs, à titre de correctif, que le plus souvent les recteurs votent aux assemblées des États suivant l'opinion de leurs paroisses.

Les connétables de chacune des douze paroisses de l'île, élus pour trois ans avec des attributions administratives très étendues, sont de droit membres des États.

En 1856, un mouvement d'opinion se produisit. Les États s'y associèrent, et, afin de fortifier la représentation élective des habitants, ils résolurent « moyennant la sanction de Sa Très Excellente Majesté en conseil, d'augmenter le nombre des membres élus, pour un temps limité, par le peuple ». Ils votèrent, le 6 novembre 1856, un *réglement* que la Reine s'empressa de confirmer dès le 29 décembre suivant. Cette revision constitutionnelle accomplie avec une extrême simplicité accordait un député à chacune des onze paroisses rurales de l'île. La paroisse de Saint-Hélier, dont la population égale celle de ces onze paroisses réunies, devait nommer trois députés. Ces députés additionnels devaient être, comme les connétables, élus pour trois ans.

Ce régime fonctionne depuis 1856, donnant satisfaction aux aspirations libérales des Jersiais. Les connétables et les députés, élus pour trois ans, ont en effet, à eux seuls, la majorité aux États de Jersey. Les douze jurés justiciers sont élus par le même corps électoral, mais à vie, et ils sont par conséquent moins soumis aux fluctuations de l'opinion. L'élément électif fréquemment renouvelé a ainsi, en la personne des connétables et des députés, une prédominance suffisante aux États, malgré le privilège anormal des douze recteurs anglicans représentant un culte qui ne réunit même pas la majorité des habitants de Jersey.

Deux officiers de la Couronne, nommés par elle, — le procureur général de la Reine et l'avocat général, qui remplissent près de la Cour royale les fonctions du ministère public, — ont droit de séance aux États avec voix consultative, mais ils ne votent pas.

Les jurés justiciers, les connétables et les députés, membres des États, sont élus par le corps électoral de l'île, composé de tous les contribuables, sujets de la Reine, portés sur les listes du Rat paroissial pour un chiffre de fortune de 2.000 francs au moins.

Chacun des membres des États de Jersey peut prendre l'initiative d'une proposition de loi. Les États nomment un comité pour l'examiner. Les projets de loi, acceptés ou amendés par ce comité, sont logés au greffe, imprimés et distribués : ces études préparatoires durent en général quelques années.

Quand la loi est votée, elle est transmise à Londres au Conseil privé, qui fait souvent attendre longtemps la sanction de la Reine ou qui la subordonne à des modifications sur lesquelles les États délibèrent et votent de nouveau.

C'est ainsi que la population jersiaise a attendu pendant plusieurs années la mise en vigueur d'une loi sur le scrutin secret, destinée à protéger les électeurs contre les abus d'influence dans le but de rendre toute élection « l'expression sincère et libre du corps électoral ». Elle avait été proposée par M. Baudains, connétable de Saint-Hélier, et repoussée une première fois par les États à une forte majorité. M. Baudains ne s'était pas découragé ; il avait attendu l'expiration des délais constitutionnels pour présenter de nouveau son projet dont il avait exposé les avantages dans la presse et dans des conférences. Dans l'intervalle, un revirement s'était produit, et, à cette seconde épreuve, une majorité égale à celle qui avait repoussé la loi, en avait admis le principe. Le texte définitif, préparé par une commission, avait été voté. Il contenait les dispositions les plus libérales et les plus efficaces pour assurer la liberté et la sincérité du scrutin. Cette loi de haute moralité politique a été arrêtée pendant plus de deux ans au Conseil privé. Elle a fini par être confirmée et entérinée en 1891 : elle fonctionne depuis lors à Jersey.

L'œuvre accomplie par les États de Jersey depuis plus d'un siècle est considérable : elle est sans contredit une œuvre de progrès. En 1877, ils ont ordonné la publication de toutes les lois jersiaises, des actes du Parlement et des Ordres du Conseil applicables à l'île depuis 1771, époque à laquelle une codification générale avait eu lieu. Un comité composé de deux jurés-justiciers, de deux recteurs, de deux connétables et de deux députés, a été chargé de ce soin. Cet important travail a duré plusieurs années : il comprend en trois volumes le recueil des lois jersiaises de 1771 à 1881.

On y trouve les documents les plus curieux pour l'histoire législative des îles.

D'anciens règlements interdisaient « de planter à pommiers plus de deux vergers de terre labourable par chaque ménage ; de planter des arbres de haute futaie le long des chemins à moins de deux perches de distance l'une de l'autre ; de boucher en même temps les terriers ».

Sur l'intervention du Conseil privé, il fut décidé le 4 juillet 1774 « qu'à l'avenir il serait permis à toute personne de planter, améliorer et cultiver sa terre comme bon lui semblerait ; — qu'il serait permis à tout propriétaire de planter des arbres sur son terrain, le long des chemins publics, à la distance que chacun jugerait convenable, pourvu que ces plants ne nuisissent ni n'empiétassent sur le chemin public, — et enfin qu'il serait permis à toute personne de détruire, de la manière qu'il croirait la plus propre et efficace, les lapins et toute autre espèce de gibier qu'il trouverait sur son terrain ».

Les événements de la Révolution française avaient causé de l'émotion à Jersey. Les États édictèrent le 16 février 1797 un règlement constatant que « plusieurs écrits anonymes et incendiaires tendant à exciter la haine des habitants de l'isle contre les autorités constituées, à les animer à la sédition et à la révolte, et les encourageant à massacrer les magistrats et à suivre d'ailleurs l'exemple du peuple français, avaient été depuis quelque temps répandus dans le public ; — que plusieurs de ces écrits anonymes exhortaient le peuple à des rassemblements et indiquaient les moyens pour agir de concert afin de mettre à exécution les horribles et sanguinaires menaces contenues dans ces écrits ; — que depuis que ces écrits avaient paru il s'était manifesté des dispositions et que des mesures mêmes avaient été prises pour des rassemblements illicites et alarmants ».

Les États estimèrent que « les lois existantes ne suffisaient pas pour réprimer et punir efficacement des attentats si dangereux à la société ». Les mesures qu'ils prirent et qu'un Ordre du Conseil du 26 avril 1797 mit plus de deux mois à approuver n'étaient pas bien rigoureuses.

Tout rassemblement tumultueux de plus de douze personnes était interdit. Il était également interdit, sous peine de 200 livres d'amende, de provoquer par publication, affiche ou avertissement public de tels rassemblements « *sous prétexte de représenter verbalement ou par écrit, de prétendus griefs* ».

— « Sans toutefois prohiber, ajoutait le règlement, empêcher ou restreindre, en aucune manière, la convocation, tenue et fonctions des assemblées publiques, autorisées par la loi ou l'usage ; réservé aussi le droit à toutes personnes de représenter, d'une manière convenable, aux autorités constituées, les sujets qui sont de la compétence respectivement desdites autorités. »

Si, malgré cette interdiction, il se formait quelque rassemblement tumultueux, les connétables devaient s'y présenter sans délai et commander à haute voix, au nom du Roi, à ceux qui seraient ainsi assemblés ou attroupés, de se retirer incessamment et paisiblement chez eux, ou à leurs occupations légitimes. Si au bout d'une demi-heure il restait encore six personnes ou plus ensemble, les réfractaires devraient être arrêtés sur la réquisition des officiers de police, toute personne étant tenue, sous peine d'amende et d'emprisonnement, de leur donner assistance. La peine du bannissement pendant un terme n'excédant pas cinq ou sept années, suivant qu'il y aurait eu ou non résistance par la force, était encourue par les réfractaires.

Un article portait que « si quelque dommage était fait à la maison, aux biens ou possessions de quelque particulier par un rassemblement illicite ou attroupement de personnes, ou par quelqu'un d'entre eux, tel dommage, quel qu'il soit, sera réparé aux frais de la paroisse où pareil dommage aura été causé, lesquels frais seront payés sur le rât de la dite paroisse, le recours de la dite paroisse sauf sur les biens des délinquants. »

Cette disposition très sage qui rappelle notre loi de vendémiaire an IV et la responsabilité collective des tribus en Algérie intéressait tous les habitants à la répression des troubles et au maintien de la paix publique.

Enfin, un dernier article attribuait les amendes encourues, « tiers au Roi, tiers à l'hôpital général, et tiers aux pauvres de la paroisse où la contravention aurait été commise ».

Le 23 avril 1800, un ordre du Conseil confirmait une loi votée par les États de Jersey et punissant de la peine de mort « le crime abominable de sodomie ou de bestialité. » On s'étonne qu'il y ait eu occasion de pareilles rigueurs dans une île aux mœurs douces et policées, où la population féminine l'emporte de beaucoup sur la population masculine.

D'après le recensement de 1890, Jersey a 54.518 habitants, dont 24.965 hommes et 29.553 femmes.

A Jersey, l'usage des billets privés est très répandu. Tandis qu'à Guernesey les États et les banques émettent seuls des valeurs fiduciaires, chaque paroisse de l'île voisine a ses billets de banque. Il est quelquefois très difficile de négocier les billets de banque d'une paroisse dans une autre. Les particuliers eux-mêmes tentèrent de recourir à ce mode de crédit.

En 1813, l'augmentation progressive du commerce et de la navigation avait amené à Jersey un grand mouvement d'affaires et une circulation considérable de lettres de change, de billets payables au porteur et de billets à ordre. Il en résulta des abus. Des billets de valeur minime, depuis un schelling jusqu'à une livre sterling, furent répandus dans le public. Ces billets circulaient sans qu'on prit garde à la solvabilité des signataires. Il en résulta une sorte de krach frappant surtout les petites gens hors d'état de contrôler la valeur des signatures.

Les États prirent immédiatement des mesures confirmées par un Ordre du prince régent en conseil. Ils défendirent de mettre en circulation ou de recevoir en paiement aucun billet à ordre, ou billet payable au porteur, pour une somme inférieure à une livre sterling, sous peine de confiscation du billet ou d'une amende du double de sa valeur. Il était interdit aux porteurs quels qu'ils fussent d'en réclamer le montant à d'autres qu'aux signataires ni de les faire valoir d'aucune manière en les passant à d'autres ou autrement.

Les havres et chaussées, les marchés publics, les abattoirs, la pêche des huîtres, les distilleries, les pêcheries, les égouts ont été tour à tour réglementés. Lorsqu'en 1825 la peste éclata sur la côte occidentale d'Afrique, et lorsqu'en 1831, le choléra-morbus fut signalé dans l'empire de Russie, les lois sur la quarantaine furent revisées.

En même temps, des mesures de protection, encore en vigueur, furent prises pour la conservation de la pureté de la race bovine dans les îles, race pour laquelle les Jersiais et les Guernesiais prétendent à une grande supériorité. Les vaches, génisses, veaux et taureaux étrangers doivent être conduits directement du lieu de débarquement dans un local spécial et marqués, soit sur la hanche droite, soit au front, d'une lettre estampillée avec un fer rouge. Ils doivent être abattus à l'abattoir public s'ils ne sont pas rembarqués pour l'exportation.

Toute contravention est punie d'une amende de dix livres sterling par tête de bétail, ou, en cas d'insolvabilité, de six mois d'emprisonnement. Le bétail est en outre abattu pour l'usage de l'hôpital général.

En plusieurs circonstances le Parlement anglais ayant édicté des lois nouvelles, les États de Jersey déclarèrent les « *prendre en considération* » et votèrent eux-mêmes des dispositions analogues, adoptant, disaient-ils, *autant que possible*, celles des actes du Parlement.

Ils le firent notamment pour l'établissement des caisses d'épargne, investissant le bailli et les jurés de la Cour royale des diverses attributions dont la loi anglaise avait chargé d'autres magistrats.

En 1841, ils votèrent une loi très complète sur l'enregistrement des naissances, mariages et décès, imitant ce qu'avait fait le Parlement en 1835, sous le règne de Guillaume IV, et accordant aux habitants toutes les facilités apportées par cet acte à la célébration des mariages.

Un règlement du 6 avril 1843 interdit d'employer des enfants de moins de seize ans à s'introduire dans les cheminées, soit pour les nettoyer, soit pour éteindre le feu qui y aurait pris, sous peine d'une amende de cinq livres sterling au moins et de dix livres sterling au plus.

Une loi anglaise ayant dispensé les membres de la société religieuse des quakers et les frères Moraves de prestation de serment, les États de Jersey prirent en 1847 des dispositions semblables. Le 7 avril 1869, ils prirent une mesure plus générale. Ils décidèrent que toute personne, appelée à déposer comme témoin devant les tribunaux de l'île, ou à faire une déclaration ou *affidavit* sous la foi du serment, si elle refuse de prêter serment en alléguant des motifs de conscience à l'appui de son refus, pourrait être dispensée de prêter ce serment, si la Cour ou le juge, devant lesquels la comparution a lieu, sont satisfaits de la sincérité de cette objection. En ce cas, la simple déclaration ou affirmation devait avoir la même force et authenticité que le serment et entraîner en cas de fausseté les peines du parjure.

C'est là un grand exemple de tolérance donné par un corps législatif et par des juridictions qui. accompagnent eux-mêmes tous leurs actes de pratiques religieuses hautement professées.

Le 6 mai 1861, une loi fort simple dans ses détails autorisa et réglementa les sociétés à responsabilité limitée. La liberté la plus grande fut laissée aux fondateurs sur la valeur des actions et sur les conditions de versement de leur montant. Les assemblées générales doivent réunir pour être valables cinq actionnaires lorsque la société en comprend dix, — six actionnaires lorsque la société en comprend dix-huit, — le tiers des actionnaires lorsque la société en comprend de dix-huit à soixante; — vingt actionnaires si leur nombre dépasse soixante. Deux inspecteurs peuvent être nommés, soit par l'assemblée générale, soit par la Cour royale sur la demande d'actionnaires représentant le cinquième du capital social.

Ces inspecteurs ont le droit d'exiger la communication des livres de comptes et autres livres, registres, documents et pièces appartenant à la société. Ils peuvent interroger librement les directeurs, gérants et employés de la société. Le refus de communication ou de réponse est puni d'une amende de deux à dix livres sterling. Cette loi a fonctionné depuis lors, c'est-à-dire depuis près d'un demi-siècle, sans donner lieu à de sérieuses critiques. Peut-être les actionnaires ont-ils plus d'esprit pratique qu'ailleurs ; peut-être sont-ils mieux à l'abri de l'esprit d'engouement et de découragement, et savent-ils mieux se renseigner. Toujours est-il que cette loi jersiaise n'a pas été modifiée et qu'elle est toujours en vigueur.

Le 28 mai 1835, sur la demande des négociants et armateurs de Jersey, « exposant que les droits perçus pour le bénéfice de l'hôpital royal de Greenwich avaient été abolis, et considérant qu'il n'y avait aucun fonds applicable au soulagement des marins, malades, tués ou blessés, de veuves ou enfants de marins tués ou noyés au service de la marine marchande de Jersey, » les États créèrent d'autorité une institution philanthropique sous le nom de « Société de bienfaisance pour la marine marchande ».

Tout marin quittant Jersey et recevant salaire sur un bâtiment ponté, soit pour aller faire la pêche ou tout autre commerce, doit subir sur ce salaire un prélèvement de sept pennys et demi par mois. Cette contribution est volontaire pour les marins montant des bateaux non pontés. On forma ainsi un fond auquel s'ajoutèrent des souscriptions et les gages et salaires dus à des marins et non réclamés par leurs héritiers.

Ce fonds est destiné à donner des secours aux marins blessés ou malades. des pensions à ceux qui étaient devenus incapables de naviguer par cause de caducité, de maladie, d'accident ou de blessures reçues au service de la marine marchande de Jersey. Les veuves et enfants de marins morts au service de cette marine ont également droit à une pension.

Pour recevoir de la société une subvention quelconque, il faut avoir contribué pendant soixante mois au moins à la formation du fonds. Les enfants au-dessus de quatorze ans ne peuvent obtenir de pension que s'ils sont incapables de gagner leur vie soit à cause de cécité ou de quelque autre infirmité les mettant hors d'état de travailler.

Ce règlement fut établi par une loi régulièrement votée, approuvée par un Ordre de la Reine en conseil. Il devint par conséquent obligatoire pour tous les marins des ports de Jersey.

Des réformes importantes ont été apportées en 1851 au régime des successions, améliorant la part revenant aux femmes sans supprimer complètement le droit d'aînesse, donnant, comme notre Code civil, double part, dans les successions collatérales aux frères et sœurs germains, tandis que les frères et sœurs utérins doivent partager également avec les frères et sœurs consanguins, et maintenant le principe jersiais en vertu duquel, en dehors des frères et sœurs, les parents paternels doivent exclure les parents maternels à égalité de degré.

Une loi du 21 février 1872 établit pour les écoles d'éducation élémentaire un système de primes annuelles destinées à assurer la neutralité religieuse des directeurs de ces écoles. La condition expresse de ces subventions était « qu'il ne serait exigé de nul enfant, comme condition de son admission ou de sa continuation dans l'école, qu'il assistât à quelque école du dimanche ou à quelque lieu de culte quelconque, ou qu'il s'en abstînt ; ni qu'il assistât à quelque observance religieuse ou à quelque instruction en matière de religion, soit dans l'école même ou ailleurs, » contrairement à l'avis du père ou du tuteur de l'enfant, et cela quand bien même cette observance religieuse serait dirigée par le corps religieux dont son père est membre.

La même loi imposait une seconde condition : « toute observance ou instruction religieuse dans l'école devait se faire au commencement ou à la fin, et il devait être permis à tout élève, si son père ou son tuteur en exprimait la volonté, de s'absenter de telle observance ou instruction religieuse, sans par là être sujet à être privé des autres avantages de l'école. »

En 1876, le commerce de Jersey réclama une nouvelle émission de monnaie de cuivre. La monnaie en circulation était alors différente de la monnaie anglaise : sa valeur était d'un treizième ou d'un vingt-sixième du shelling. Par une loi du 24 mars 1896, les États ordonnèrent que, dans le cours d'une année, cette monnaie de cuivre serait retirée de la circulation, et qu'il en serait émis une nouvelle, de la même valeur que celle qui est en cours en Angleterre, formant la douzième, la vingt-quatrième et la quarante-huitième partie d'un shelling — soit d'un penny, d'un demi-penny et d'un quart de penny. L'inscription de ces pièces est en anglais, tandis qu'elle est

9.

en français à Guernesey où l'ancienne monnaie de cuivre — consistant en des pièces de 8 et 4 doubles deniers (10 et 5 centimes) — a été conservée.

La livre sterling de Jersey vaut, comme en Angleterre, un peu plus de 25 francs. La livre sterling de Guernesey vaut 24 francs en argent de France qui a seul cours dans l'île. A Jersey au contraire, malgré des rapports beaucoup plus fréquents avec la France, on ne trouve que de l'or et de l'argent anglais ; la monnaie française y subit une assez forte dépréciation.

Enfin, pour ajouter à toutes ces singularités fort incommodes pour le touriste qui passe d'une île dans l'autre, la monnaie officielle de Guernesey, en laquelle doivent être spécifiés les paiements dans les actes publics, les amendes prononcées par la Cour, etc., n'existe pas en réalité. C'est la livre tournois, divisée en sols et deniers. Cette monnaie fictive vaut 1 fr. 70 environ, la livre sterling guernesiaise de 24 francs représentant quatorze livres tournois.

Les commerçants de Guernesey réclament en général l'adoption de la monnaie anglaise. Dans une réunion tenue le 17 août 1897, l'un d'eux disait :

« Le comité de la Chambre de commerce est

fortement d'opinion que si la monnaie anglaise était le seul étalon monétaire, il en résulterait un bien immense pour l'île. Partout, même dans les paroisses de la campagne, il existe un mouvement en faveur de l'adoption de la monnaie anglaise. Ce que la Chambre de commerce a à faire, c'est de discuter les moyens d'amener ce changement. Il nécessitera beaucoup d'union, et il faut montrer que les commerçants sont bien décidés à faire leur possible pour qu'un changement soit apporté. Cependant, il ne faut pas s'emporter, mais de sages mesures doivent être prises, et ce qu'on fera doit l'être d'une manière constitutionnelle. »

Sur vingt-cinq personnes présentes à cette réunion, vingt-quatre ont voté la résolution suivante :

« Cette Chambre est d'opinion que la monnaie anglaise devrait être rendue seul étalon légal dans l'île, et s'engage à seconder tout effort fait afin d'amener ce changement. »

Les partisans de cette réforme n'ont pas jusqu'ici obtenu gain de cause, bien au contraire. Le 30 septembre 1897, l'administration des postes a publié un avis d'après lequel, à partir du 1er novembre 1897, l'or, l'argent et la monnaie français, aux dates actuellement valables en France, seront *seuls acceptés*.

Les billets émis par les banques locales, et la monnaie guernesiaise ne seront plus acceptés.

Chose étrange! à Jersey où la justice, l'administration, la police sont confiées à des magistrats et à des fonctionnaires électifs et où, sur bien des points, sont mis en pratique les principes de la démocratie la plus avancée, des droits féodaux, véritablement intolérables, subsistent encore aujourd'hui. La Reine est un des principaux propriétaires de fiefs qui proviennent des confiscations de biens ecclésiastiques lors de l'établissement du protestantisme. Non seulement les seigneurs qui sont en assez grand nombre peuvent revendiquer le droit de champart, le droit de varech, et le droit d'épave, et, pour l'exercice de ces droits, instituer une cour seigneuriale à leur nomination, mais ils ont un double privilège, d'un caractère exorbitant, qui n'existe pas à Guernesey où cependant le régime féodal a aussi des vestiges.

Dans les successions collatérales, les seigneurs jersiais jouissent des héritages pendant un an et un jour, et, en cas de faillite, ils jouissent de l'actif du failli pendant la première partie de la procédure, c'est-à-dire pendant plusieurs mois, quelquefois pendant plus d'une année.

La question de savoir si le seigneur perd son

année de jouissance par sa négligence à la revendiquer a donné lieu à de sérieuses difficultés dans la jurisprudence jersiaise. Le bailli Le Geyt, mort en 1716, traite cette question dans les manuscrits qu'il a laissés et qui ont été publiés en 1847 : « La Cour, dit-il, le 18 septembre 1708, trouva que la première année d'après le décès était celle qui était réellement due au seigneur, et que par sa négligence il se devoit ensuite contenter de ce que la portion seroit estimée valoir *communibus annis*... Pendant que le seigneur dort, le vassal veille... Mais trois ans de négligence ne suffiroyent pas pour faire perdre au seigneur l'année de jouissance ; il en faudrayt dix, quoy que si dans cet intervalle il avait toujours l'option de différer pour attendre quelque année abondante en fruits et levées, ce seroit lui accorder en quelque sorte privilège sur privilège. »

Il est à peine croyable que de pareils droits puissent exister encore aujourd'hui, d'autant plus que le seigneur, pendant la durée de sa jouissance des biens d'un failli et pendant son année de jouissance des successions collatérales, peut expulser des biens qui lui sont ainsi livrés ceux qui les occupent sans un « bail à termage ». Il peut y faire, aux frais de l'héritier ou de la masse, les réparations qu'il juge convenables.

Un grand nombre de lois jersiaises contiennent des réserves pour la sauvegarde des droits appartenant aux seigneurs :

Loi du 31 juillet 1804 sur les assemblées paroissiales.

« Le présent règlement n'est point entendu déroger au droit qu'ont le seigneur du fief de Saint-Ouen, le seigneur du fief de Rozel, le seigneur du fief de Samarès, et le seigneur du fief de la Trinité, de voter dans les assemblées paroissiales par le moyen de leurs tuteurs ou procureurs, comme d'ancienneté. »

Règlement du 4 juillet 1810 sur le Banon.

« Les seigneurs des fiefs qui ont droit de *verp* seront dispensés de donner aux vingteniers déclaration du bétail ou brebis qu'ils auront pris en dommage sur leur fiefs ; mais ils seront tenus de faire faire les publications, et d'observer les autres formalités. »

Loi du 24 juin 1851 sur les testaments d'immeubles.

« Les dispositions de cette loi ne préjudicieront pas... les droits que Sa Majesté et les seigneurs de fiefs pouvaient avoir, avant la passation de la présente loi, à une année de jouissance dans les successions collatérales. »

Règlement du 6 juin 1866, sur la coupe, la pêche et le partage du vraic.

« Il n'est pas entendu déroger par cette loi aux droits qui peuvent exister à l'égard de quelques pêcheries particulières, ni aux droits des seigneurs de fiefs particuliers. »

Lorsqu'en 1847 le gouvernement anglais fit faire dans l'île des travaux de fortification, une loi d'expropriation fut votée. Cette loi dut contenir des dispositions au sujet des fiefs.

« Tout seigneur de fief, dit l'article 17, sera tenu de céder et d'abandonner ses droits seigneuriaux sur toute terre ou autre propriété cédée sur son fief... Si une terre ou autre propriété, dit l'article 18, requise pour le service de Sa Majesté, forme partie d'une commune attachée à un fief, le seigneur du fief sera considéré comme en étant le propriétaire aux fins de la présente loi. »

En vue de ces divers cas, le mode de fixation de l'indemnité fut réglementé.

Le seigneur de Rosel était tenu d'aller à la rencontre du roi « sur son cheval en la mer, jusque les seingles en l'eau et ainsy à son retour ».

Il devait également « estre son boutillier, luy servant à boyre durant son séjour ». On raconte que, lors du voyage de la reine Victoria à Jersey, le seigneur de Rosel se présenta pour remplir son office.

Depuis longtemps la législation jersiaise tendait à l'abolition de tout vestige de féodalité.

Une loi du 18 octobre 1859 « considérant qu'il est utile d'encourager autant que possible l'abolition des droits seigneuriaux », permit aux seigneurs de fiefs « de vendre ou commuer leurs droits seigneuriaux à fin d'héritage avec leurs tenans collectivement ou séparément », décidant qu'un droit seigneurial une fois vendu ou commué serait éteint à perpétuité.

Après un assez long délai, cette loi avait été confirmée par un Ordre du Conseil du 30 juin 1860.

Les États votèrent deux ans après une loi qui, dans leur pensée, devait être l'occasion d'éteindre un grand nombre de fiefs. Ils autorisèrent la création de fidéi-commis — pour toute cause d'utilité publique — pour l'usage et au profit d'associations commerciales et industrielles, — pour servir au culte de l'église anglicane, ou à tout autre culte religieux — pour l'établissement d'écoles et de maisons d'éducation, et autres objets philantrophiques.

En vertu de l'article 13, les biens placés ainsi en fidéi-commis étaient « francs et quittes à fin d'héritage et à toujours de tous droits, redevances et services seigneuriaux, à l'exception des rentes, s'il y en a, dues au fief sur les dits biens, sauf l'indemnité due au seigneur du fief sur lequel les biens sont situés et qui en sont ainsi distraits ».

Après avoir réglé le mode d'évaluation de cette indemnité, la loi ajoutait :

« Les droits, redevances et services seigneuriaux, étant une fois éteints par l'opération de la présente loi, ne pourront revivre sous aucune circonstances. La minorité du seigneur du fief ou son incapacité civile ne fera pas obstacle à l'extinction des droits seigneuriaux. Le tuteur, le curateur, ou autre personne légalement autorisée, selon le cas, aura capacité d'agir aux fins de cette loi, et l'extinction des dits droits aura force de loi outrée et demeurera irrévocable. »

Cette loi fut bien confirmée le 21 mars 1862 par un Ordre en Conseil ; mais ni la Reine, ni les seigneurs jersiais ne parurent empressés d'en faire application. Il fallut recourir à des mesures plus radicales. Un projet de rachat des droits seigneuriaux fut présenté aux États de Jersey le 10 août 1881. Il était difficile d'en combattre le principe. Les seigneurs s'abstinrent d'abord de toute contestation. Renvoyé à une commission qui l'étudia soigneusement et sans passion en cherchant à concilier tous les intérêts, ce projet mit cinq ans à aboutir. Le 16 avril 1886, les États votèrent une loi posant dans son préambule le principe de l'abolition complète des droits féodaux. Le premier article est ainsi conçu :

« Tous les droits et services féodaux ou seigneuriaux, de quelque nature qu'ils soient, sont et demeurent abolis à dater du jour de la promulgation de la présente loi. »

Les États ne méconnaissaient pas « que l'établissement des fiefs et seigneuries avait eu, dans l'origine, pour but la sûreté et la défense du pays, et le rassemblement dans l'État d'un nombre suffisant de gens armés et équipés pour résister aux efforts et aux invasions de l'ennemi, » mais ils soutenaient « que les progrès de la civilisation ayant libéré les seigneurs de toutes les charges que leur imposait la féodalité », toute réciprocité de droits et de devoirs avait cessé, et que les droits féodaux, ayant pris naissance dans un ordre social qui avait depuis longtemps cessé d'exister, devaient être abolis complètement, « en indemnisant équitablement les seigneurs actuels ».

Onze ans se sont écoulés depuis ce vote, et la loi n'est pas encore en vigueur. Onze seigneurs, qui avaient gardé le silence aux États de Jersey, se sont adressés au Conseil privé de la Reine pour en empêcher la promulgation. Ils se savaient des appuis en haut lieu, les intérêts personnels de la Reine étant en question. Ils ne combattaient pas d'ailleurs le principe de la loi, ils demandaient une indemnité plus considérable.

Leur pétition a été renvoyée aux États de Jersey qui ont nommé une nombreuse commission, composée de trois jurés justiciers, trois recteurs, trois connétables et trois députés, auxquels le bailli et les officiers de la Couronne ont été priés de s'adjoindre. Cette commission a choisi dans son sein un comité subdélégué, composé de M. Beaudains, alors connétable de Saint-Hélier, de M. Giffard, connétable de Saint-Pierre, et de M. Le Vavasseur, dit Durell, député de Saint-Hélier. Ce comité a fait son rapport le 17 mars 1887. Il a signalé aux États ce qu'il y a « d'inconstitutionnel, d'injuste et de contraire à tout précédent à ce que des pétitionnaires qui ont eu environ cinq années l'occasion de faire valoir leurs raisons d'objection devant les États du pays, et qui ont refusé ou négligé de le faire, puissent au dernier moment être admis à présenter des objections contre la confirmation d'une loi qui n'a été adoptée qu'après mûre délibération et après de longues discussions rendues publiques par la voie de la presse, et qui ont eu lieu en présence de certains d'entre eux qui siègent dans l'assemblée législative. »

Les choses en sont là depuis dix ans. Les États de Jersey ont été appelés à discuter un projet transactionnel proposé par le Conseil privé de la Reine. Jusqu'ici un accord n'est pas intervenu. La sanction royale n'a pas encore été accordée à une loi si équitable, si nécessaire. « C'est une question de temps, » disent encore avec leur calme imperturbable les Jersiais les plus résolus à poursuivre cette œuvre d'affranchissement : ce sont, il faut en convenir, des révolutionnaires d'une rare patience.

Jadis la Cour royale de Jersey avait le droit, que possède toujours la Cour royale de Guernesey, d'édicter dans des assemblées de chefs-plaids des ordonnances ayant force obligatoire. Un Ordre du Conseil du 28 mars 1871 supprima cette attribution, et la remplaça par le droit de voter des règlements provisoires, exécutoires pendant trois ans, avec faculté de proroger tous les trois ans par un nouveau vote la période d'exécution provisoire de ces règlements. Le gouverneur, chargé de veiller aux prérogatives de la Couronne, peut empêcher l'exécution de ces ordonnances en usant de son droit de veto.

La cour ne peut prendre ainsi, avec exécution provisoire, que des dispositions nouvelles. Lorsqu'il s'agit de modifier ou d'abroger une loi antérieure, celle-ci reste en vigueur jusqu'à ce que la Reine ait sanctionné l'innovation proposée.

VIII

Administration de l'île de Jersey. — Les paroisses. — Les connétables. — Les assemblées paroissiales. — Les comités des États.

Dans toutes les îles, l'unité administrative est la paroisse s'administrant elle-même et placée sans intermédiaire sous l'autorité de la Cour et des États. La représentation de la paroisse et son mode d'administration varient dans chacune des îles.

A Jersey, l'administration locale est assurée par les connétables assistés des assemblées paroissiales.

Pour l'élection des connétables comme pour toutes les autres élections et pour la formation des assemblées paroissiales, il faut recourir à la *liste du rât*, qui sert de base à la perception des impôts directs. Cette liste est établie chaque année dans chaque paroisse par un comité de taxation de douze membres, présidé par le connétable, avec l'assistance d'experts spéciaux pour les immeubles urbains et pour les immeubles ruraux. Les membres de ce comité, âgés de vingt ans au moins, ne sont pas tenus de continuer à en faire partie au delà de soixante ans. Ils prêtent serment devant la Cour royale. Le refus de se présenter est puni d'une amende de cinq livres sterling ; la simple absence, sans excuse valable, à une des séances du comité entraîne une amende de trois shellings au profit des pauvres de la paroisse.

Le travail de ce comité est facilité par une déclaration que chaque habitant est tenu de faire. Cette déclaration doit comprendre une liste des maisons, édifices et terres avec leur mesure, — fossés et reliefs y compris, — qu'il possède dans la paroisse, indiquant ceux qui sont loués, soit en tout, soit en partie, le montant du loyer et le nom des locataires. En cas de vente ou de transfert pour une cause quelconque, avis doit en être donné au connétable avant le 31 décembre suivant. La sincérité de ces déclarations est garantie par une pénalité sévère. Le 16 novembre 1889, la Cour royale de Jersey a condamné à dix livres sterling d'amende et à trois ans de suspension des droits civils un propriétaire qui avait déduit, de la contenance déclarée de ses immeubles, le sol des maisons, cours, chemins et avenues. sous prétexte que ce sol était improductif.

Les églises, chapelles et édifices exclusivement consacrés à un culte religieux, les cimetières, les maisons et terres presbytérales, les maisons servant aux concierges des chapelles, les écoles gratuites, celle où l'éducation n'est pas payée plus de cinq shellings par semestre, les propriétés des États et des paroisses employées au service public, celles qui sont destinées à la défense de l'île, diverses rentes appartenant à des fondations d'intérêt public et de bienfaisance, toutes les propriétés de la Reine sont dispensées de cette taxation.

Toutes les autres propriétés immobilières et les droits d'usufruit sur les immeubles, quelle que soit leur valeur, sont soumises à la taxe.

Le minimum de la valeur mobilière pour laquelle un habitant de Jersey est inscrit sur la iste du rât est de 120 livres sterling (3000 francs). Cette taxation a lieu pour tous les habitants natifs ou originaires de l'île, pour tous ceux qui y ont été domiciliés pendant trois ans au moins, qui y exercent un état ou profession, qui y « mènent un commerce », ou qui y possèdent, soit en leur nom, soit au nom de leur femme, une maison ou des terres. Les vaisseaux enregistrés à la douane sont considérés comme propriété mobilière dans l'île.

Tous ces éléments d'évaluation doivent être cumulés. Mais le contribuable est autorisé à faire supporter par ses créanciers une part proportionnelle de l'impôt qu'il paie, part évaluée à quatre pour cent des rentes, intérêts annuels et pensions viagères qu'il est obligé de leur servir, soit en vertu d'obligations reconnues en justice, soit par contrat ou accord. Il est autorisé à retenir ces quatre pour cent, lorsqu'il s'acquitte envers eux, comme représentation de leur part du rât qu'il paie intégralement pour lui-même.

Les réclamations auxquelles donne lieu l'établissement de cette liste sont jugées par la Cour royale, contradictoirement avec le connétable. Elles sont fort rares. En 1888, à Saint-Hélier, ville de plus de 30.000 âmes, il ne s'en est produit que trois.

Les dépenses générales de l'île sont assurées par des ressources spéciales, et principalement par un impôt sur l'entrée des vins et des liqueurs spiritueuses. La taxation paroissiale a pour objet les dépenses locales, c'est-à-dire l'entretien des routes et chemins, « le maintien des pauvres », etc. La quotité de la taxe personnelle par quartier, dont la valeur en capital est d'environ 500 francs, est fixée chaque année par l'assemblée paroissiale suivant les besoins présumés de l'exercice. Chaque contribuable paie cette taxe, variable dans chaque paroisse, au prorata de l'évaluation qui a été faite de sa fortune foncière et mobilière. Cette taxation est moins élevée dans les paroisses rurales que dans la ville de Saint-Hélier dont l'administration est plus coûteuse. En 1887, les contribuables de Saint-Hélier ont été taxés à un shelling trois pennys par quartier (1 fr. 55 pour une valeur de 500 francs).

Il ne faut pas oublier qu'il n'existe à Jersey ni octroi, ni droits proportionnels de mutation, ni droits de circulation, ni aucun autre impôt indirect.

C'est de cette liste des contribuables qu'est extraite la liste des électeurs.

Pour y être porté, il faut être âgé de vingt ans, sujet de la Reine, n'être placé ni sous tutelle, ni sous curatelle et être porté sur la liste des contribuables pour le montant de quatre quartiers immobiliers (2.000 francs) ou de six quartiers mobiliers (3.000 francs). Celui qui est inscrit dans plusieurs paroisses doit faire choix de l'une d'elles : « Nul, dit l'article 24 de la loi du 29 novembre 1879, ne pourra voter dans plus d'une paroisse dans aucune élection publique. »

Une des élections les plus importantes est celle des connétables ; ils sont à Jersey le principal, presque l'unique rouage de l'administration de l'île. Ils sont à la fois maires, juges de paix, percepteurs, chargés de la police et de la voirie, présidents des assemblées paroissiales et de toutes les commissions locales, ils doivent diriger l'assistance publique et assurer l'entretien des immeubles paroissiaux. Ces attributions, très étendues dans toutes les paroisses, sont extrêmement lourdes dans l'importante ville de Saint-Hélier. « Étant choisi parmi les meilleurs de la paroisse, dit Lequesne dans son *Histoire constitutionnelle de Jersey*, le connétable est très estimé par les paroissiens, et souvent tranquillement, particulièrement dans les paroisses rurales, il règle beaucoup de discussions et de procès... Il est un personnage d'importance et d'influence considérables dans sa paroisse, et comme membre des États, il a voix dans la direction générale des affaires de l'île. »

Les connétables sont assistés de deux centeniers, élus pour trois ans, qui les remplacent au besoin : à Saint-Hélier le nombre des centeniers est de huit.

Chaque paroisse est partagée en un certain nombre de districts, appelés vingtaines parce que originairement ils renfermaient une vingtaine de maisons. La vingtaine élit son vingtenier, auxiliaire du connétable, chargé sous son autorité de la police et de la perception des impôts. Dans certaines paroisses rurales de Jersey, à Saint-Ouen par exemple, les vingtaines sont réunies en *cueillettes* pour la collecte des dîmes.

En outre, des officiers du connétable, au nombre de douze, sont élus dans chaque paroisse pour une durée de sept ans. A Sainte-Brelade leur nombre est de quinze et à Saint-Hélier de vingt-quatre. Les officiers du connétable de Saint-Hélier sont élus pour quatre ans.

L'assemblée paroissiale, présidée par le connétable, est composée de tous ces dignitaires et des contribuables le plus fort imposés, c'est-à-dire des habitants portés sur la liste du Rât, à Saint-Hélier pour 120 quartiers (60.000 francs), à Saint-Sauveur pour 80 quartiers (40.000 francs), à Saint-Clément et à Sainte-Marie pour 50 quartiers (25.000 francs), dans les autres paroisses pour 60 quartiers (30.000 francs). Les anciens connétables et les anciens centeniers, les membres de la Cour royale et les officiers de la Couronne qui ont leur résidence dans la paroisse, les vingteniers, les officiers du connétable font également partie de l'assemblée paroissiale

« Les réunions des assemblées paroissiales, dit Lequesne dans son *Histoire constitutionnelle de Jersey*, sont convoquées et présidées par le connétable pour toutes les affaires civiles relatives à la paroisse, et par le recteur pour les affaires ecclésiastiques. Les membres des États, vivant dans la paroisse, sont informés de ces réunions, et leurs convenances sont à prendre en considération pour la fixation du jour des réunions. »

L'assemblée paroissiale nomme un procureur du bien public, deux collecteurs d'aumônes et deux gardiens de l'église qui assistent aux séances et qui prennent part au vote pendant la durée de leur gestion. La mission des gardiens de l'église est relative à l'exercice du culte et à l'observation de la loi du dimanche.

Connétables, centeniers, vingteniers, officiers du connétable, procureurs du bien public, collecteurs d'aumônes, gardiens de l'église remplissent tous gratuitement leurs fonctions qui sont très considérées. Elles entraînent quelquefois une assez lourde responsabilité, et peuvent devenir très pénibles, surtout en matière de police.

Jusqu'en 1854, il n'existait à Jersey aucune police salariée. Cette délicate et souvent désagréable mission était remplie, même à Saint-Hélier, par les fonctionnaires paroissiaux. Le

Conseil privé estima que cette organisation n'était pas suffisante pour assurer l'ordre dans une ville populeuse où un port important amène une population flottante qu'il est indispensable de surveiller et de contenir. Le 11 février 1852 un Ordre de la Reine en conseil établit, pour la ville de Saint-Hélier et sa banlieue, une police salariée.

Les États de Jersey opposèrent à cet Ordre les anciens privilèges de l'île. Le Conseil privé accueillant leurs remontrances, reconnut qu'il était *fort douteux* que le règlement de semblables questions par la prérogative de la Reine fut conforme au droit constitutionnel de l'île de Jersey. Mais, pour obtenir cette confirmation de leurs franchises, les États s'étaient empressés de réaliser eux-mêmes, sous une autre forme, les mesures prises par l'Ordre dont ils désiraient obtenir l'annulation.

De là, les deux lois du 29 décembre 1853, relatives au nombre, au mode d'élection et aux attributions des centeniers, vingteniers, officiers du connétable, et à la création, pour la ville de Saint-Hélier seulement de dix officiers de police recevant chacun un salaire de 18 shellings par semaine, avec augmentation après cinq années de services et une pension de retraite.

Le bailli et les membres des États résidant dans

Saint-Hélier furent constitués en comité avec le pouvoir de nommer et de destituer les officiers de la police salariée et avec la charge de faire ériger une ou plusieurs maisons d'arrêt pour la détention provisoire des délinquants saisis en flagrant délit « durant la nuit, ou jusqu'au temps que l'on ait pu obtenir la permission du bailli ou d'un juré-justicier de les incarcérer provisoirement dans la prison publique ».

Les frais de cette police et de l'érection de ces maisons d'arrêt furent mis pour un tiers à la charge des États sur les revenus du port, et pour les deux tiers à la charge des propriétaires des maisons de la ville.

Les officiers de la police salariée de Saint-Hélier sont placés sous la direction du connétable qui a le droit, non de les destituer, mais de les suspendre avec la sanction du bailli.

Chaque matin, les individus arrêtés sont conduits à l'hôtel de ville de Saint-Hélier devant le connétable, qui entend les plaignants et les témoins et qui, après une enquête sommaire, statue, sous l'autorité de la Cour à laquelle il doit en référer, sur la détention préventive.

Dans toutes les autres paroisses, la police est faite gratuitement, sans le secours d'aucune force publique, par les connétables, centeniers, vingteniers, officiers du connétable. Ceux-ci ont le droit de requérir tout homme valide de prêter mainforte pour l'arrestation des malfaiteurs. Le vicomte, chargé de l'exécution des sentences de justice, les dénonciateurs, les sergents de justice ont le même droit de réquisition. De fréquentes condamnations sont prononcées contre les particuliers qui refusent leur assistance.

Mais les connétables et leurs auxiliaires n'en doivent pas moins payer de leur personne.

Le 13 avril 1889, j'assistais à l'audience de la Cour royale de Jersey, jugeant comme tribunal de répression des moindres délits. Le bailli, deux jurés-justiciers, l'avocat général siégeaient en robes rouges.

Parmi les délinquants traduits à la barre figurait un vingtenier d'une paroisse rurale. C'était un homme déjà mûr, d'une tenue parfaite.

Il était accusé de négligence dans ses fonctions de police. Appelé la nuit pour arrêter un homme inculpé de maraudage, il avait reconnu un père de famille en état d'ivresse. Le jugeant sans doute irresponsable de l'acte qui lui était imputé et ne voulant pas le perdre, il avait préféré encourir une amende que de le livrer.

Le bailli lui adressa une admonestation sévère :
« Les personnes qui acceptent des charges doi-

vent en remplir les devoirs. » — L'avocat général s'éleva contre cette négligence volontaire.

En vain l'avocat du vingtenier fit-il observer que, « dans une police honorifique comme celle des paroisses de Jersey, où il est souvent si difficile de trouver des citoyens qui en acceptent la charge, il convient de laisser à ces derniers un certain pouvoir de discrétion ». La Cour le condamna à trois livres sterling d'amende et aux dépens, et, en prononçant l'arrêt, le bailli lui adressa de nouveau de durs reproches.

Le vingtenier avait-il eu tort ou raison de se montrer humain ? Eut-il dû être impitoyable ? Il me parut que l'opinion du barreau et du public lui était tout à fait favorable.

L'administration des paroisses étant assurée, les États dirigent eux-mêmes par les comités permanents constitués dans leur sein toutes les branches des services publics qui intéressent l'île entière. Il y a ainsi un comité spécial pour la défense de l'île ; pour les havres et chaussées ; pour les marchés ; pour la bibliothèque publique ; pour la surveillance des grandes routes ; pour l'hôpital ; pour les écoles élémentaires ; pour le collège Victoria ; pour l'enregistrement des actes de l'état civil ; pour l'éclairage ; pour les égouts ; pour l'exercice de la médecine ; pour la régie ; pour les maisons d'aliénés ; pour les prisons, etc., etc. Chaque fois que la création d'un nouveau service le réclame, un nouveau comité est créé. Ces comités disposent des ressources affectées à l'objet pour lequel ils ont été constitués.

Le plus important de ces comités, composé du gouverneur, du bailli et des jurés-justiciers, porte le nom d'*assemblée des gouverneur, bailli, et jurés*. Il a des attributions très diverses. C'est lui qui subvient aux dépenses du collège Victoria : six de ses membres font partie du comité d'administration de ce collège. Il a à sa charge une partie de la dette des chaussées et toutes les dépenses de l'école industrielle. Il paie le traitement d'un juge d'instruction institué en 1864. Il dispose d'une partie (un sixième environ) des droits d'entrée sur les liqueurs spiritueuses et sur les vins, qui forment le principal impôt d'État de l'île. Au budget de 1887-1888, cette part s'élevait à 6.568 livres sterling 15 shellings sur 38.000 livres sterling.

L'assemblée des gouverneur, bailli et jurés règle elle-même son budget qui est publié, mais qui n'est pas soumis aux États.

Le comité des havres et chaussées a des finances très prospères. Pour l'exercice 1887-1888, après avoir subvenu à toutes les dépenses d'entretien, au salaire du maître de port de Saint-Hélier et de tous ses employés, et après avoir largement contribué aux frais de la police de nuit, il lui est resté une solde de 7.915 livres 3 shellings 3 deniers, soit environ 200.000 francs, qui ont été affectés aux travaux d'élargissement du quai nord de la chaussée de Saint-Hélier

X

Organisation judiciaire de l'île de Jersey. — La Cour royale. — Le juge chargé du recouvrement des menues dettes et de la répression des moindres délits. — Les assises. — Le barreau jersiais. — Le vicomte. — Honoraires du bailli et des jurés justiciers.

Le principe qui domine toute l'organisation judiciaire des Iles du Canal, est l'unité de juridiction. La justice y est rendue par un corps judiciaire unique, composé de jurés élus à vie et siégeant sous la présidence d'un magistrat nommé par la Couronne. « La reine d'Angleterre ne peut instituer ni destituer les juges du pays : le droit de les choisir est un privilège du peuple [1]. » Il n'y existait autrefois ni juridictions supérieures, ni juridictions spéciales. Cet état de choses a été modifié pour Jersey par des lois récentes constituant tout un code nouveau de procédure crimi-

[1] *Les institutions, lois et coutumes de l'île de Guernesey*, par Laurent Carey.

nelle. Cependant la Cour royale y conserve la haute direction de l'administration de la justice rendue en son nom et sous son contrôle. Tous les procès civils et criminels de quelque importance aboutissent à elle.

Lorsqu'elle juge en première instance, elle est composée du bailli assisté de deux jurés. Les mêmes procès reviennent devant elle en appel ; le bailli est alors assisté de sept jurés. Dans le premier cas, elle siège comme *Cour du nombre inférieur* et, dans le second cas, comme *corps de Cour*. Le droit d'appel existe au civil quand l'objet du litige dépasse 625 francs. Sa juridiction de première instance a été fort allégée par une loi du 1er novembre 1864. Cette loi a autorisé les États de l'île à nommer, à la majorité des membres présents, un magistrat remplissant à la fois les fonctions de juge d'instruction et de juge unique pour la répression des moindres délits et pour le recouvrement des menues dettes. Il doit être choisi parmi les jurés-justiciers de la Cour royale, les officiers judiciaires de la couronne ou les avocats ayant au moins cinq ans d'exercice. Il ne peut être privé de sa charge que pour malversation ou incapacité par jugement de la Reine en Conseil. Son traitement, fixé à 400 livres sterling (10.000 francs), est porté au budget de l'assemblée des gouverneur, bailli et jurés. Comme juge d'instruction, il entend les témoins dans les causes dépassant sa compétence et il statue sur la détention préventive, ainsi que sur le cautionnement à fournir par le prévenu qui sollicite sa mise en liberté provisoire.

Comme juge unique pour la répression des moindres délits, il a une compétence limitée à des infractions légères pour lesquelles il estime que la punition à infliger ne doit pas dépasser un mois de prison ou 10 livres sterling d'amende. La nature de ces infractions est déterminée par la loi. Parmi elles figurent — les simples larcins lorsque la valeur des objets dérobés ne dépasse pas une livre sterling et que le délit n'a pas été accompagné de circonstances aggravantes, — l'exhibition publique ou la vente de livres, brochures, ou tableaux obscènes ; — l'exhibition impudique de la personne dans un lieu ou en vue d'un lieu public, etc., etc. Cependant cette compétence reste facultative pour le juge. « Si le magistrat, dit l'article 1er de la loi du 9 mars 1865, est d'opinion, après examen, que le délit soumis à son appréciation mérite une peine plus grave qu'il n'a le droit d'infliger, il enverra le prévenu devant la Cour royale. »

Elle est aussi facultative pour le prévenu, du

moins en cas de larcin. Il peut en effet réclamer l'envoi de l'affaire devant la Cour royale, afin qu'elle soit soumise à l'appréciation de la *grande enquête*, c'est-à-dire du jury.

Dans le cas de maladie d'un témoin, le magistrat peut, s'il le juge nécessaire, se rendre au domicile du témoin afin de prendre sa déposition en présence du prévenu. L'amende, quand cette peine est prononcée, doit être payée séance tenante ; à défaut de ce paiement immédiat, il doit être fourni caution du paiement dans un délai de huit jours, sinon le magistrat peut substituer à l'amende une peine d'emprisonnement.

Le même magistrat assure par une procédure non moins simple et non moins économique le recouvrement des menues dettes, c'est-à-dire des dettes qui ne dépassent pas 10 livres sterling. Là encore, il est juge unique, sans appel. Il a le droit de faire arrêter les biens meubles d'un locataire, et même de faire saisir la personne de souscripteurs, tireurs ou endosseurs de billets impayés ne dépassant pas 10 livres sterling.

Ses décisions ne peuvent être attaquées devant la Cour royale que pour *excès de pouvoirs*, sur une consultation d'avocat estimant qu'il y a lieu pour ce motif à un nouvel examen de l'affaire.

Pour toutes les causes criminelles dépassant la

compétence de ce juge unique, le prévenu peut réclamer son renvoi aux assises. « S'il ne fait pas élection d'être ainsi jugé, dit l'article premier de la loi du 1ᵉʳ mars 1864, la Cour, lors de la présentation devant elle, décidera, *eu égard à la nature et à la gravité du cas*, et ouï les conclusions de la partie publique, de quelle manière la poursuite aura lieu. » Elle juge elle-même sans appel les procès criminels dans lesquels le renvoi aux assises n'a été ni demandé par le prévenu, ni ordonné d'office.

Ce sont les connétables de chaque paroisse qui provoquent l'instruction et qui présentent l'accusé à la juridiction compétente pour le juger. Les renvois aux assises ont lieu sur leur rapport qui est *logé* au greffe et communiqué à la défense.

Il est tenu six assises criminelles par an. Elles sont présidées par le bailli et la Cour en corps composée de sept jurés-justiciers au moins. Les poursuites ont lieu au nom du procureur général de la Reine, chargé de soutenir les accusations avec l'aide d'un avocat général.

Cinquante hommes d'enquête sont convoqués pour le service des assises qui ne doivent pas durer plus de quatre jours, sauf pour continuer les débats d'un procès commencé. S'il reste des procès à juger, la Cour ordonne la convocation d'une ou plusieurs assises extraordinaires.

Pour le jugement, vingt-quatre hommes d'enquête sont désignés par voie de tirage au sort. L'accusé a le droit de récuser sans donner de motif huit hommes d'enquête. Il peut, en outre, récuser tous ceux contre lesquels serait établi quelqu'un des motifs de récusation prévus par la loi. La partie publique n'a le droit d'exercer aucune récusation discrétionnaire ; elle ne peut récuser que les hommes d'enquête se trouvant dans un des cas d'exclusion prévus par la loi.

Si le procès dure plusieurs jours, les hommes d'enquête restent, dans l'intervalle des audiences, sous la garde du vicomte. Les frais entraînés par cette garde sont, aux termes de l'article 55 de la loi du 1er mars 1864, « à la charge de la recette de Sa Majesté ». Les débats ont lieu à peu près comme en France ; quand ils sont terminés le président de la Cour résume l'affaire.

S'il y a unanimité, le verdict est annoncé publiquement à haute voix par le chef de l'enquête. En cas de désaccord, chaque homme d'enquête communique individuellement son opinion au président de la Cour et au premier juré-justicier sur le siège. Les opinions ainsi recueillies, le président de la Cour annonce le verdict.

Vingt voix sur vingt-quatre sont nécessaires pour une déclaration de culpabilité : cinq voix sur vingt-quatre, favorables à l'accusé, suffisent donc pour entraîner son acquittement. Cinq voix suffisent également pour admettre en sa faveur des circonstances atténuantes.

Malgré des dispositions aussi libérales et l'absence presque complète de police salariée, la sécurité est parfaite à Jersey. Les crimes graves y sont extrêmement rares.

W. Marshall, tout en soutenant l'autorité absolue du Parlement anglais aux Iles Normandes, reconnaissait que « les Iles sont certainement un éclatant exemple des bienfaits du système du Home Rule. Nulle part la vie et la propriété ne sont plus en sécurité ; nulle part l'extrême pauvreté et les crimes graves ne sont plus rares [1]. »

Les officiers de la Reine, — le procureur général et l'avocat général — qui en matière civile exercent la profession d'avocat concurremment avec les membres du barreau, remplissent à l'audience au criminel les fonctions de ministère public. Mais ils sont étrangers à la recherche des délinquants et aux premiers actes de l'information dont les connétables sont seuls chargés jus-

---

[1] William W. Marshall. *The constitutionnel position of the Channel Islands in the British Empire.*

qu'à l'intervention du juge d'instruction ou de la Cour royale.

Le 7 juillet 1859 les États de Jersey votèrent un règlement pour l'organisation du barreau.

« Considérant, disaient-ils dans le préambule, que les intérêts d'une bonne justice exigent l'admission au barreau de tous ceux qui offrent des garanties sérieuses de capacité;

« Que le monopole de la profession d'avocat, limité par des considérations autres que celles de capacité, est de nature à porter atteinte à l'émulation intellectuelle, indispensable à l'exercice utile de cette profession;

« Que la profession d'avocat étant une fonction publique qui relève avant tout de la confiance des justiciables, il importe que le public ne soit pas exposé à remettre la protection de ses intérêts à des personnes qui ne justifieraient pas d'une capacité spéciale incontestée. »

Ce règlement, confirmé par un Ordre en Conseil du 23 janvier 1860, ouvrait l'accès du barreau jersiais à « tout sujet britannique, ayant résidé au moins dix années à Jersey, et âgé de vingt et un ans accomplis », justifiant d'une des conditions d'aptitude suivantes :

1° Certificat du Conseil d'éducation légale constatant qu'il a subi un examen public le rendant apte à être appelé au degré de « utter barrister » en Angleterre;

2° Diplôme de licencié obtenu devant une des facultés de droit établies en France;

3° Grade d'une des universités d'Oxford ou de Cambridge.

A défaut de *l'un* de ces titres, le candidat peut encore être admis en subissant un examen sur le droit normand, sur les lois de Jersey, sur le droit commercial anglais et sur la pratique suivie à la Cour de Jersey. Le jury d'examen est composé du bailli, de quatre jurés-justiciers nommés par le corps de la Cour, du procureur général, de l'avocat général et de deux avocats délégués par le barreau de Jersey.

La demande d'admission doit être adressée au procureur général qui, dans un délai de quinze jours, doit fournir ses observations sur lesquelles la Cour statue dans un délai de trois jours.

L'organisation judiciaire est complétée par le vicomte, à la nomination de la Couronne, qui est chargé de l'exécution de toutes les sentences civiles et criminelles de la Cour. Il peut se faire suppléer par un député. Il est assisté par deux dénonciateurs, nommés par le bailli, et, dans chaque paroisse, par un prévôt qui est élu par les tenants du fief de la Couronne. Le service du prévôt est onéreux : il est regardé comme une charge féodale attachée à la tenure.

En principe les fonctions judiciaires sont gratuites comme le sont celles des connétables et autres officiers des paroisses. Cependant le bailli recevait anciennement de la Couronne, par l'intermédiaire du gouverneur, 300 livres sterling (7.500 francs) d'appointements comme honoraires pour la part qu'il prenait aux affaires concernant les revenus de la Couronne et aux procès criminels. Un acte de la Cour royale, du 13 janvier 1584, lui accordait également quelques émoluments en matière civile. En 1817, Thomas Le Breton, bailli de Jersey, adressa une requête au Conseil privé, exposant que le paiement de ces derniers émoluments avait soulevé des objections, qu'ils n'étaient plus d'ailleurs en rapport avec l'importance des travaux et des charges de son office, ni avec le rang qu'il occupait dans l'île. Cette requête fut accueillie et, le 19 mars 1819, un ordre du Prince régent en Conseil fixa les honoraires du bailli d'après un tarif qui est aujourd'hui encore en vigueur.

Il lui est attribué :

	S.	D.
Pour chaque billet de déclaration de demande dans toutes les actions civiles ou mixtes, sauf en matière de paiement de rentes	1	6

	S.	D.
Pour le même en matière de paiement de rentes .	0	6
Pour les causes d'Amirauté et pour toute assignation spéciale en dehors des délais.	4	0
Pour examiner et signer les contrats de vente et d'assignation de rentes, procurations, tutelles, administratelles, curatelles, enâgements[1], enregistrements de paiements et défauts, avec serment des parties en Cour aux jours fixés pour ces affaires	1	0
Pour les mêmes actes hors de Cour	5	0
Pour examiner et signer les contrats de partage d'héritage et de vente de maisons et terres. . .	2	0
Pour les mêmes hors de Cour.	5	0
Pour apposer le sceau public sur les contrats aux jours fixés pour ces affaires.	0	6
Pour le même acte hors de cour	5	0
Pour signer des ordres provisoires, ou des ordres de convocation d'électeurs dans les administratelles, tutelles ou curatelles.	1	0
Pour signer des ordres de justice	2	0

Les salaires du greffier, du vicomte et de l'enregistreur furent fixés en même temps par des Ordres du Conseil distincts.

---

[1] L'enâgement à Jersey est un acte public par lequel six proches parents, voisins et amis d'une personne âgée de 20 ans, paraissent devant le Bailli et deux Juges et déclarent que la personne dont il s'agit est en effet âgée de 20 ans accomplis et est de discrétion suffisante pour avoir le ménagement et l'administration de tous ses biens meubles et héritages. Ceci n'a lieu que pour les personnes sous tutelle, qui n'obtiendraient autrement leur majorité effective qu'à 21 ans. Les autres personnes qui n'ont jamais eu de tuteur nommé par la Cour sont majeures à 20 ans.

Un demi-siècle plus tard, les États prirent le parti d'accorder également des honoraires aux jurés-justiciers. Ils votèrent, le 28 février 1872, un tarif qui fut confirmé par un Ordre en Conseil du 27 novembre de la même année.

	S.	D.
Il sera payé à chacun des jurés-justiciers pour son attendance et sa signature sur chaque contrat de partage d'héritages entre co-héritiers, et de bail de maisons et terres entre parties, passé publiquement à jour fixe.	1	0
Sur chaque contrat d'acquit, d'assignation de rente transaction entre parties, procuration, tutelle, curatelle, administratelle et enâgement, requerrant le sceau du bailliage, — et aussi passé publiquement à jour fixe	0	6
Pour tout contrat, procuration, tutelle, curatelle, administratelle et enâgement, requerrant ledit sceau — et passé à une séance extraordinaire de la Cour royale.	2	6
Pour tout contrat ou autre pièce passée devant justice hors de Cour, ou à domicile d'une des parties (outre le loyer de voiture, s'il en est besoin)	2	6
Pour attendance en Cour à la passation de chaque cause en Amirauté ou de Brièveté	2	0
Pour attendance en Cour à la rédaction de dépositions de témoins par écrit, et à la confirmation d'un décret	2	0
Pour attendance en Cour au réexamen d'une cause entre parties, ou référée au jugement du corps de la Cour	2	0

Pour attendance en Cour extraordinaire à voir

	S.	D.
apposer le sceau du bailliage à un contrat de bail d'héritages, ou autres pièces	2	0
Pour administration de serment à une des parties ou à des témoins dans des causes déférées à des arbitres.	3	0
Pour attestation de la signature d'un fonctionnaire public ou d'une autre personne	1	6
Pour la passation de chaque affidavit exigeant le serment de la partie, en vertu d'une loi	1	0
Pour attestation de signature à une déclaration solennelle par la partie en vertu d'une loi . . .	1	0
Pour chaque remise par des débiteurs de leurs biens entre les mains de la Justice, les jurés-justiciers auront droit, pour leurs vacations, consultations et attendances à la vente et disposition des biens ainsi remis à.	1	£
Pour chaque examen de biens-fonds appartenant à des mineurs, dans la vue d'en disposer à fin d'héritage, en vertu de la loi, et pour vacations et attendances, ils auront aussi droit à.	1	£

Ce n'est plus, il faut le reconnaître, une justice entièrement gratuite.

X

L'île de Guernesey. — Les produits agricoles de l'île. — Pouvoirs législatifs de la Cour royale et des États. — Les ligues de réformes. — Les ordonnances de Chefs-plaids. — Les États d'élection.

Quand, après avoir quitté le port de Saint-Hélier, on a doublé la pointe ouest de Jersey — le pittoresque cap de la Corbière — les îles de Guernesey et de Sercq ne tardent pas à paraître. En deux heures le navire parvient en face de la ville de Saint-Pierre Port, qui se dresse en amphithéâtre, dominée par le collège Elisabeth comme Saint-Hélier est dominé par le collège Victoria, magnifiques établissements qui témoignent de l'importance accordée dans les îles au développement de l'instruction. Le collège Elisabeth de Guernesey n'est pas une fondation récente comme le collège Victoria de Jersey. Il remonte à la confiscation des biens ecclésiastiques lorsque le protestantisme s'établit dans les îles. Il occupa d'abord, en 1563, un ancien couvent de frères cordeliers et se développa peu à peu par des dotations. Il eut pour premier directeur un protestant d'origine espagnole, Adrien Saravia, chassé des Pays-Bas pour cause de religion. Il n'occupe que depuis le commencement du siècle son emplacement actuel. Le directeur en est nommé par les États.

En débarquant à Saint-Pierre Port on ne remarque pas, comme à Saint-Hélier, une population nombreuse, active, des rues et des magasins modernes attirant l'étranger par les séductions de l'étalage. A Saint-Pierre de Guernesey, tout est plus calme, plus grave. Les préoccupations agricoles l'emportent sur les combinaisons commerciales. Guernesey a subi une crise, conséquence des souffrances de l'agriculture dans le monde entier. Mais ses industrieux habitants n'ont pas voulu subir la dépréciation de leurs terres sans y chercher un remède. L'île s'est couverte de serres pour la production hâtive des primeurs. Peu à peu l'expérience s'est faite. Des agriculteurs prudents et expérimentés ont rapidement discerné les fruits et les légumes dont la culture offre le meilleur rendement. On s'étonne de ne rencontrer dans d'immenses serres, construites à grands frais et où souvent le chauffage consiste en des lampes à pétrole placées de distance en distance presque au ras du sol, que des pommes de terre et des tomates à l'ombre de vignes gigantesques qui tapissent le vitrage et qui produisent d'admirables raisins. La disposition de ces serres, où pas un pouce de terre n'est perdu et où il n'est pas fait une dépense inutile, est une vraie merveille.

La société royale d'agriculture et d'horticulture qui a M. de Mouilpied pour secrétaire et pour organe le journal *le Bailliage*, a pris la direction de ce mouvement. Elle étudie toutes les questions qui intéressent les agriculteurs de l'île et leur donne d'excellents conseils. Depuis 1883, les États lui accordent un subside qui varie de 110 à 130 livres sterling par an.

Dès 1888, les fleurs, fruits, pommes de terre et légumes exportés de Guernesey, représentaient une valeur de 112.636 livres sterling — soit près de trois millions de francs pour une population de 35.000 âmes. Ces chiffres n'ont fait que s'accroître. De 1891 à 1896 l'exportation des fleurs, fruits et légumes a plus que doublé : elle s'est élevée de 630.591 paniers à 1.354.548 paniers.

En 1896, les fleurs ont représenté à elles seules 84.512 paniers, principalement pendant l'hiver : 9.358 en novembre, 9.092 en décembre, 6.187 en janvier et 4.331 en février. Les horticulteurs guernesiais cultivent avec un grand succès de superbes variétés de chrysanthèmes. Ces expéditions de fleurs cessent presque complètement pendant l'été.

Le *Bailliage*, justement fier de ces résultats, disait en janvier 1894 :

« Ces chiffres sont éloquents et méritent bien un moment de sérieuse attention de la part de tout le monde. Ils expliquent ce que signifie cette augmentation dans l'érection toujours croissante de serres dans notre île. Nous regrettons de ne pouvoir donner la valeur approximative de ces envois ; mais ce doit être quelque chose de prodigieux et nous doutons si un *demi-million* de livres sterling serait beaucoup au-dessus du chiffre réalisé.

« Aussi quels changements se sont opérés : les ports sont agrandis, les nouveaux vapeurs sont de vrais *liners* et nos malles nous sont délivrées dès les 8 heures chaque matin etc., etc. N'est-ce pas le cas de dire que la transformation a été progressive et constante? N'est-il pas vraiment étonnant qu'un rocher tel que Guernesey puisse fournir de tels produits et en si prodigieuse quantité? Aussi nous demandons s'il est un autre coin de terre au monde de la même grandeur, qui donne de pareils résultats? »

Un demi-million de livres sterling — 12.500.000 francs — ce serait pour une population de

35.000 âmes 357 francs par tête d'habitant de toute profession, de tout sexe, de tout âge ! Ce qui est certain, c'est que ce gracieux commerce fait à Guernesey la fortune de ceux qui s'y livrent.

Cependant des inquiétudes se manifestent au sujet d'une concurrence devenue très menaçante. M. de Vic-Carey, juré-justicier, s'en est fait l'organe à la séance des Etats de Guernesey du 1ᵉʳ septembre 1897 : « Les cultivateurs sous verre a-t-il dit, demandent aux Etats de considérer leur situation. Les États doivent se rappeler le grand nombre de serres qui se construisent partout aux environs de Londres, dans le Sussex, Essex, etc., etc., pour faire concurrence à celles des îles. Pour pouvoir lutter avec chances de succès, nos cultivateurs ont besoin d'encouragements qu'ils ne reçoivent pas. Ils sont forcés de travailler dans des conditions désavantageuses, et la principale est la cherté du charbon. Si on réduisait les droits de 2s. 6d. à 1s., on ne noterait pas une bien grande diminution dans les revenus du havre, et cela serait de beaucoup d'aide aux cultivateurs. Il est actuellement temps, afin que cette industrie ne soit pas ruinée, de faire de petits sacrifices afin de ne pas en avoir plus tard de grand à faire. »

M. William Carey, député d'un des cantons de

Saint-Pierre Port, a vivement appuyé cette proposition, disant qu'il regardait que le commerce des primeurs cultivées en serre était en très grand danger.

Malgré l'insistance de ces deux membres des Etats, la réduction sollicitée n'a pas été accordée.

A Guernesey où prédominent les intérêts agricoles, les institutions politiques sont restées beaucoup plus stationnaires qu'à Jersey. Il y a dans les deux îles, un gouverneur, des Etats, un bailli (baillif à Guernesey), une Cour royale, des jurés-justiciers, des paroisses et des connétables ; mais l'esprit nouveau qui a introduit dans la législation de Jersey des progrès considérables n'a pas encore prévalu à Guernesey. La constitution de ce bailliage n'a pas d'ailleurs la simplicité et l'uniformité de la constitution de Jersey applicable à une seule île, tandis que le bailliage de Guernesey se compose des îles de Guernesey, de Herm et de Jethou, de l'île de Sercq et de l'île d'Auregny. Quoique subordonnées à Guernesey, ces deux dernières îles ont une organisation distincte. La constitution de Sercq est tout à fait différente de celle des autres îles.

La Cour royale partage avec les Etats, sous la sanction de la Reine, l'exercice du pouvoir législlatif : elle a d'ailleurs aux assemblées des Etats une influence prépondérante. Elle y siège tout entière sous la présidence du baillif ; les projets de loi ont été préparés par elle. Avec le baillif, les douze jurés-justiciers, le procureur de la Reine qui a voix délibérative, siègent huit recteurs anglicans et un délégué de la douzaine de chacune des paroisses de l'île. Ces paroisses sont au nombre de dix. La paroisse de Saint-Pierre Port a à elle seule une population de 17.041 habitants, presque égale à celle des neuf autres paroisses rurales réunies. Son infériorité dans les délibérations des Etats ayant paru inique, il y fut créé en 1844 une douzaine centrale nommant deux députés et quatre douzaines cantonales nommant chacune un député ; soit en tout six députés qui, joints aux neuf députés des paroisses rurales, forment un total de quinze députés représentant les paroisses.

Or les Etats se composant de 37 membres : dix à la nomination de la Couronne, le bailliff, huit recteurs, le procureur de la Reine, les douze jurés-justiciers de la Cour royale élus à vie par un suffrage très restreint, et les quinze députés des paroisses, l'unanimité de ces derniers ne suffit pas pour faire rejeter un projet de loi qui léserait les intérêts de la population : il est d'ailleurs très difficile d'unir dans un même vote les représentants de la ville et ceux de la campagne.

C'est la Cour royale qui prépare les projets de loi, remplissant un office analogue à celui de notre ancien conseil d'Etat. Cette préparation des lois est une des plus importantes missions de ces magistrats législateurs. Il faut reconnaître qu'ils la remplissent en conscience, provoquant de toute manière les observations des habitants. La Cour nomme un comité dont le rapport est publié dans la *Gazette officielle* avec le texte du projet de loi et l'indication du jour où la Cour en fera l'examen et en arrêtera définitivement le texte. Ce jour-là, toute partie intéressée peut faire présenter ses observations et développer ses objections par le ministère d'un avocat.

La Cour rend alors un arrêt de renvoi devant les Etats qui est ainsi conçu :

« La Cour, ouïes les conclusions des officiers de la Reine, a adopté un projet de loi intitulé...

« Et est M. le baillif prié de mettre ledit projet devant les Etats, afin que, s'ils l'approuvent, il soit soumis à Sa Majesté la Reine en son Conseil pour sa sanction royale. »

Le baillif est tenu de soumettre aux Etats toute proposition de loi qui lui est adressée avec une requête signée par trois des jurés justiciers ou des recteurs qui siègent aux États. La signature du doyen d'une douzaine ayant reçu mandat spécial à cet effet a la même valeur que celle d'un juré ou d'un recteur. Le baillif peut d'ailleurs tenir compte de pétitions émanant de simples particuliers. Il l'a fait en 1897 pour la réformation de lois excessives obtenues par les partisans du repos absolu du dimanche et par les membres des sociétés de tempérance.

Les côtes de l'île de Guernesey sont des plus pittoresques et attirent de nombreux promeneurs le dimanche, jour où tout travail est interdit. Des chars-à-bancs conduisent les touristes aux sites les plus renommés. Partout les visiteurs trouvaient porte close ; les hôtels eux-mêmes, craignant des poursuites pour contravention, étaient rigoureusement fermés. Une pétition fut adressée à la Cour pour qu'il fût permis à certains hôtels de la campagne d'ouvrir leurs portes au public le dimanche, pendant certaines heures déterminées, afin que les touristes et les promeneurs pussent se restaurer en route et prendre une légère collation. Les pétitionnaires faisaient remarquer que, ne voulant pas encourager l'ivrognerie, ils ne demandaient pas l'ouverture des bars, soit en ville, soit à la campagne, mais seulement celle des hôtels qui existent sur divers points attirant une plus grande affluence de visiteurs

Les sociétés de tempérance représentées par un avocat s'y opposaient, mais les pétitionnaires avaient aussi leur avocat. L'association des aubergistes patentés de Guernesey intervenait également, et M° de Mouilpied prit la parole en son nom.

La demande était tellement raisonnable qu'elle obtint l'adhésion des officiers de la Couronne et un forte majorité parmi les membres de la Cour.

L'association des aubergistes patentés de Guernesey présenta alors une seconde requête. Elle demanda à ce que ses membres fussent autorisés à recevoir le dimanche pendant toute l'année la visite de leur père, de leur mère, de leurs frères et sœurs avec maris, femmes et enfants. Il paraît que des visites de ce genre avaient été l'objet de procès-verbaux. Cette seconde requête fut admise comme la première avec une majorité plus forte encore, et la Cour chargea les officiers de la Couronne de préparer deux projets de loi consacrant ces principes.

Il est évident que le vote par les Etats de lois ainsi préparées n'est plus qu'une question de forme.

Depuis les temps les plus reculés, il y a eu dix

paroisses et dix églises paroissiales à Guernesey.
Cependant huit recteurs seulement siègent aux
Etats : ils sont désignés à tour de rôle par une
sorte de roulement. Jadis les dix recteurs avaient
le droit de siéger aux Etats. Mais, à l'époque de
la Réforme, il y eut de la difficulté à trouver un
nombre suffisant de ministres protestants pour
desservir les dix églises paroissiales. Quelques-
uns ayant des émoluments très minimes, un seul
recteur fut nommé pour les deux paroisses contiguës de Saint-Sauveur et de Saint-Michel-du-Valle,
et un autre recteur pour les deux paroisses de
Torteval et de la Forest. L'office était célébré
alternativement le matin et l'après-midi dans
chacune des églises. Le nombre des recteurs à
Guernesey se trouva ainsi réduit à huit.

Cependant la population de Guernesey s'étant
beaucoup accrue — de 10.000 âmes en 1780, elle
atteint le chiffre de 26.706 habitants en 1841, et
elle est de 35.318 aujourd'hui — le gouvernement
de la Reine résolut de rétablir les dix recteurs.
Un très vif mouvement d'opinion s'était formé
contre le privilège en vertu duquel ils siègent
aux Etats. A Guernesey comme à Jersey les protestants non-conformistes égalent en nombre les
adhérents de l'église établie. Les recteurs anglicans sont nommés par la Reine : ils sont le plus

souvent étrangers à l'île et quelquefois de nationalité étrangère. Leur participation au pouvoir législatif est une anomalie. Lors de la réforme de 1844, les opposants obtinrent que du moins leur nombre ne fut pas augmenté : de là le chiffre de huit recteurs sur dix siégeant aux Etats.

Les députés des paroisses aux Etats ne sont que les délégués des douzaines. Le baillif convoque les Etats quand il le juge nécessaire. Il rédige à cet effet un billet d'Etat qui est imprimé et distribué aux membres de la Cour et du clergé et à toutes les douzaines. Ce billet d'Etat contient les décisions prises par les Etats à la séance précédente. Il énumère, avec les rapports des comités et les pièces à l'appui, toutes les propositions sur lesquelles les Etats auront à se prononcer. Il contient également, en appendice, les comptes des Etats et ceux des principaux établissements subventionnés, tels que le collège Elisabeth.

Les douzaines se réunissent et délibèrent sur toutes les questions que les Etats auront à résoudre. Eclairées par cette discussion elles nomment leur député dont elles doivent renouveler la désignation chaque fois que les Etats sont convoqués. Elles peuvent, il est vrai, nommer toujours le même. Autrefois, ce député recevait un mandat impératif dont il ne lui était pas permis de s'écarter. Aujourd'hui son vote est libre, mais il est bien rare qu'il ne se conforme pas aux instructions qui lui ont été données par sa douzaine.

Depuis 1846, les Etats peuvent amender les projets de loi pourvu que ces amendements consistent en de simples modifications n'allant pas au delà de la proposition primitivement introduite. Cette limitation du droit d'amendement est assez délicate, et elle provoque de fréquents débats; elle est importante, les douzaines n'ayant pu délibérer que sur le texte des propositions contenues dans le billet d'Etat.

L'insuffisance de la représentation populaire est loin d'être acceptée sans réclamation à Guernesey. Dans ces dernières années des projets de revision ont été émis, des réunions ont été tenues, des ligues de réformes se sont formées. Quoique du même avis sur les points principaux, la ville de Saint-Pierre Port et les paroisses rurales s'accordent difficilement lorsqu'il s'agit d'arrêter une rédaction définitive. Ces dissidences favorisent le maintien de l'état actuel, malgré ses défectuosités évidentes.

Cependant la ligue de réformes ne se décourage pas. Elle tient de fréquentes séances. Celle du 3 mai 1897 était présidée par un connétable d'une paroisse de la campagne, M. Tardif, connétable de Saint-Martin. Elle nomma un comité d'action.

Un des orateurs, M. Le Messurier, dit « qu'il ne pense pas qu'il y ait une seule personne présente qui parlerait en faveur de l'union avec l'Angleterre ». Il y avait suffisamment de matériaux à Guernesey pour faire un bon gouvernement local, capable de faire le plus grand bien au plus grand nombre. En nommant le comité, la réunion devait considérer que c'était un point important, car du comité dépendait, non seulement l'avenir de cette ligue, mais encore et surtout l'avenir des réformes à Guernesey, des réformes à obtenir par des moyens constitutionnels, bien entendu.

« M. W. Helman dit que l'objet de la ligue était de préparer un projet qui montrerait aux autorités qu'il existait un pouvoir travaillant à obtenir les réformes que le peuple désirait. L'orateur dit qu'il n'est pas en faveur de la démolition violente des institutions existantes. Les réformes doivent être obtenues constitutionnellement afin d'amener graduellement la forme de gouvernement à des idées modernes. En ce qui concerne le peuple, sa voix doit être entendue et le seul moyen de faire qu'il soit entendu est d'étendre la capacité électorale. Un des objets de la ligue était aussi de soutenir les douzaines.

« Un autre orateur, M. Hodges, se déclara de l'opinion de M. Helman, qui avait dit que rien ne devait être détruit sans égards, et que tout respect devait être accordé aux membres de la Cour royale. On devait se rappeler que, même s'ils étaient en faveur des réformes, ils étaient obligés d'appliquer la loi telle qu'elle est. »

Ce mouvement, on le voit, n'a rien de révolutionnaire. Il est l'expression des aspirations progressistes d'un grand nombre de Guernesiais.

Lors de la célébration du jubilé de la reine Victoria qui a eu lieu avec éclat aux Iles Normandes, M. de Mouilpied écrivait dans le *Bailliage* :

« Guernesey a tenu à commémorer ce grand et glorieux règne en érigeant un Palais de Justice et une salle des États, et cela, moyennant un faible coût d'au delà de 60.000 livres sterling.

« Notre intention n'est pas d'adresser le moindre reproche aux États ou à M. le baillif; seulement, je me demande s'il n'existait pas d'autres moyens plus intelligents, plus durables, de commémorer ce grand jour que par l'amoncellement de pierre, de chaux et de mortier.

« Ne pouvait-on pas trouver des moyens qui eussent fait appel à l'intelligence, au patriotisme, au cœur, à l'âme, aux yeux, aux sens, à la vanité, à l'orgueil de la communauté ?

« Tout en admirant ce que l'on se propose de faire, je me demande si M. T. G. Carey, notre baillif, aurait péché contre la constitution ; s'il aurait outrepassé ses prérogatives, en convoquant les États, leur faisant part de la nécessité absolue d'un remaniement de la constitution, remaniement dont l'effet eût été d'établir une représentation législative plus intelligente, plus *représentative* en ce qui concerne nos États, soit de délibération, soit d'élection.

« Personne ne sait mieux que M. le baillif le joug sous lequel le Guernesiais vit, travaille et meurt, et combien injuste et illégal est notre présent système représentatif. Personne mieux que lui ne connaît les défauts de ce système suranné.

« Je dis que l'on peut entasser les blocs de granit les uns sur les autres, il n'en sera pas moins vrai que le seul, l'unique, le vrai monument, le seul durable, le seul chrétien, serait celui qui balaierait les abus et ferait jaillir la lumière là où n'existent que les ténèbres. »

En faisant la part de l'exagération qu'entraîne la lutte pour le triomphe d'une idée, il faut reconnaître que les institutions guernesiaises peuvent être améliorées sans être bouleversées et sans que soient compromis les exemples donnés par ce petit pays de *self-government*. Mais que les novateurs y prennent garde : ils risqueraient d'ébranler par des réformes trop profondes l'arbre séculaire à l'abri duquel ont été sauvegardées, à travers tant d'événements, leur autonomie et leurs franchises locales.

Le jour de l'ouverture de la session — elle ne dure en général qu'une journée — le baillif prend place sur son siège, ayant à sa droite un fauteuil moins élevé que le sien, qui est réservé au gouverneur, puis les jurés-justiciers dans l'ordre de leur élection, à sa gauche les membres du clergé anglican. Les quinze députés des douzaines prennent place sur les sièges qui restent vacants, en face du baillif, dans l'hémicycle.

Le gouverneur est introduit par le prévôt de la Reine sur l'ordre qui en est donné par le baillif. Il est en tenue civile et il se retire après quelques instants de séance ; il s'abstient habituellement de prendre aucune part aux débats. Toute l'assemblée se lève à son entrée et à sa sortie. Comme les lois votées par les États ne doivent pas être exécutées provisoirement en attendant la sanction de la Reine, à la différence de ce qui existe à Jersey, aucun droit de *veto* n'a été accordé au gouverneur représentant de la prérogative royale.

En son absence ou en sa présence, les États

votent sur les questions principales et sur les amendements dans l'ordre suivant : le baillif, les jurés-justiciers, les recteurs, le procureur de la Reine, les députés. Le greffier de la Cour procède à un appel nominal auquel chacun des membres des États répond par l'un des mots : *Pour* ou *Contre*. La question de savoir si le vote du baillif comme président des Etats doit l'emporter en cas de partage a fait récemment difficulté. Le Conseil privé a décidé que son vote en ce cas était prépondérant.

Un fonctionnaire de l'ordre judiciaire, qui assiste le procureur de la Reine dans ses attributions du ministère public, — le contrôle de la Reine — a droit de séance aux États, mais il ne vote pas. Les officiers de la Couronne, c'est-à-dire le procureur et le contrôle de la Reine, ont surtout pour mission de veiller à ce que rien ne se fasse contre les droits de la Couronne et de donner leurs conclusions s'il s'élève des difficultés d'interprétation sur quelqu'une des règles constitutionnelles.

Le droit de sanction de la Reine est absolu. Il est réservé d'ailleurs par le texte même de la délibération des États dont la formule est ainsi conçue :

« Les États ont donné leur approbation aux

dispositions dudit projet dans la forme qui suit, pour qu'il soit transmis à Sa Majesté la Reine en son Conseil, afin qu'en recevant sa sanction royale il soit revêtu du caractère d'une loi. »

Le gouverneur transmet au Conseil privé la nouvelle loi guernesiaise qui reste un projet tant qu'un Ordre de la Reine en Conseil ne lui a pas donné une sanction définitive. Un dernier débat peut s'engager devant le Conseil privé pour empêcher la confirmation de la loi. Le gouverneur de l'île dans l'intérêt de la prérogative royale, tous les contribuables, tant dans l'intérêt public que dans leur intérêt personnel, peuvent former opposition devant le Conseil privé, soit par voie de pétition quand il ne s'agit que d'apprécier l'opportunité de la mesure votée, soit par voie contentieuse et par le ministère d'un avocat quand la constitutionnalité d'une loi est mise en question.

C'est ce qui a eu lieu à l'occasion de nouveaux impôts votés le 28 décembre 1888 par les États.

L'unique ressource à la disposition des États pour les dépenses générales de l'île consistait, comme à Jersey, dans les droits à l'entrée des vins et des liqueurs spiritueuses Depuis quelques années, le produit de cet impôt avait considérablement baissé ; les États nommèrent une commission pour en rechercher les causes.

« Il n'y a pas de doute, dit le rapport d'un comité des États, que les sociétés de tempérance ont fait des progrès dans les dernières années et qu'on rougit de l'ivrognerie plus qu'autrefois, de sorte que la quantité de liqueurs consommées dans l'île est probablement moindre qu'en 1878. »

Pour d'autres causes, tenant surtout à la crise agricole, la consommation du vin avait également diminué, « résultat probable, ajoutait le même rapport, causé par le fait que peu d'étrangers possédant des fortunes privées viennent à présent séjourner dans l'île, et que les fortunes privées des vieux habitants diminuent d'année en année ».

Les États se trouvaient par conséquent en présence d'un déficit de 3.000 livres sterling (75.000 francs). Vivement émus et résolus à établir à tout prix leur budget en équilibre, ils nommèrent le 20 avril 1888 un comité chargé « de prendre en considération l'état général de leurs finances et les moyens d'augmenter leurs ressources, et d'en faire rapport dans le plus bref délai. »

Le rapporteur de ce comité à la suite d'une longue étude de la situation s'exprimait ainsi :

« Ces dernières années ont vu un grand accrois

sement dans les dépenses des Etats, mais cet accroissement n'a fait que suivre le progrès naturel des affaires. Nos ancêtres se contentaient d'une éducation très bornée, et ne voyaient pas la nécessité de mettre les moyens d'instruction à la portée de tout le monde; des mauvaises routes, des rues étroites et tortueuses, des marchés incommodes suffisaient à leurs besoins; mais il est venu un temps ou la voix publique a demandé de meilleures choses. Les États se sont chargés alors d'une partie des frais de l'éducation, et ont contribué libéralement à la confection de routes, à l'élargissement de rues, et à l'embellissement de la ville et de l'île en général. Je ne pense pas que l'on voudra aujourd'hui reculer. J'espère, au contraire, que l'on continuera dans la voie du progrès, et je pourrais indiquer bien des choses qui restent encore à faire, et dont on reconnaît depuis longtemps la nécessité, telles que l'établissement d'un corps de police salarié pour toute l'île, des additions à l'édifice où la Cour royale et les États tiennent leurs séances, des changements dans l'arrangement de la salle d'audience pour la rendre plus commode et plus convenable pour l'administration de la justice, etc., etc. ; mais pour effectuer tout cela, il faudra trouver les moyens. »

Le 28 décembre 1888, les États votèrent une augmentation du droit d'entrée des vins et des liqueurs spiritueuses, et deux impôts nouveaux — l'un sur le tabac et les cigares consommés dans l'île, l'autre sur l'importation de la bière.

Ceux des habitants dont les intérêts se trouvaient lésés protestèrent. N'était-il pas possible, par une plus exacte répression de la fraude, et au besoin par la diminution de quelques dépenses, de parer à un déficit d'aussi peu d'importance ? L'élévation des impôts, la création d'impôts nouveaux, risquaient de porter atteinte à ce qui est une des gloires de l'administration des Iles Normandes, en même temps qu'un de leurs principaux attraits : la franchise des produits que le commerce y introduit librement de toutes les parties du monde.

Un des membres des États, M. Ferguson, député d'une des douzaines de Saint-Pierre Port, prit l'initiative d'une opposition à des mesures fiscales aussi graves. Il obtint la signature de 4.600 chefs de famille, représentant à peu près la moitié des habitants de l'île, et, avec l'appui de la douzaine centrale de Saint-Pierre Port, des quatre douzaines cantonales de la même paroisse, et de six des neuf douzaines des paroisses rurales, il demanda une réduction de l'impôt proposé sur les vins et liqueurs et le rejet de tout nouvel impôt sur le tabac et la bière.

L'émotion était très vive à Saint-Pierre Port. Le 21 janvier 1889, la chambre de commerce prit une délibération qualifiant la nouvelle loi financière de désastreuse (detrimental) pour le commerce et la prospérité de l'île.

La protestation de la douzaine centrale et des quatre douzaines cantonales de Saint-Pierre Port déclarait que « l'île entière était en opposition » avec ces nouvelles mesures fiscales.

Les connétables et doyens de dix douzaines signèrent une requête demandant le rappel de la loi, et le comité lui-même qui l'avait proposée revint sur son opinion. Il exprima l'avis qu'il serait expédient de modifier le vote du 28 décembre 1888, de ne pas mettre à exécution la taxe sur le tabac, les cigares, la bière anglaise, ni l'augmentation sur les liqueurs spiritueuses en se bornant à un impôt additionnel sur les vins.

Les douzaines faisaient valoir dans leur requête que « comme il n'y avait pas à Jersey de taxe sur le tabac, il serait nécessaire pour éviter la fraude qui se ferait continuellement, d'avoir des personnes pour surveiller l'arrivée des bateaux de Jersey, et peut-être d'avoir recours au système vexatoire de faire examiner les bagages arrivant de Jersey, ce qui empêcherait un grand nombre de touristes — qui sont une grande source de revenu pour l'île — d'atterrir à Guernesey. » Elles ajoutaient « que le vin étant principalement consommé par la classe aisée, elle était plus à même de payer un léger accroissement d'impôt sur cette boisson, que ne l'était la classe ouvrière de payer une taxe hors règle sur le tabac, et une taxe sur la bière ».

Ces objections étaient très fortes. Les partisans de la loi les éludèrent en soulevant une question de procédure parlementaire. Le superviseur de la chaussée, trésorier des États, M. de Vic Tupper, président du comité, avait déclaré que, pour sa part individuelle, il était d'un avis contraire à celui de la majorité qui s'était prononcée contre la loi. Dans le billet d'État rendant compte de ce conflit, le bailli sir Edgar Mac-Culloch, tout en reconnaissant « qu'une clameur s'était élevée dans le public contre ces mesures », faisait observer que « si le précédent s'établissait que ceux qui sont dans la minorité sur une question discutée avaient le droit de forcer les États à reconsidérer leurs décisions, il était difficile de prévoir jusqu'où cela mènerait, et qu'il était certain que les affaires publiques dans le futur pourraient s'en trouver sérieusement entravées. »

. La question fut discutée à la séance des États du 3 mai 1889. Le procureur de la Reine appuya l'objection déjà formulée par le baillif, dans le billet d'État : « La constitution de l'île, dit-il, ne permet pas de venir demander aux États de renverser ce qu'ils ont déjà fait. Ce pouvoir n'existe pas. On n'a jamais, depuis 1844 et 1864, demandé le rappel d'une loi déjà passée. C'est une question, non pas d'impôt, mais de principe. »

La fin de non-recevoir, soulevée par le procureur de la Reine sous forme d'amendement, fut accueillie. Force fut de saisir le Conseil privé par une opposition. Une souscription fut ouverte pour subvenir aux frais de cette procédure qui est fort coûteuse. Une importante maison anglaise qui importe à Guernesey de grandes quantités de bière s'unit à la protestation du commerce local. Ce fut en vain. Le seul résultat obtenu fut de tenir en suspens jusqu'à un nouveau vote des États la perception du nouvel impôt sur le tabac et les cigares.

L'Ordre de la Reine en Conseil fut rendu en ces termes :

« A la Cour de Windsor, 30 juin 1890.

« Présents :

« Sa Très Excellente Majesté la Reine,

« Le Lord Président ;

« Le Lord du sceau privé ; Comte de Jersey ;
« Lord Chamberlain ;   Mr Jackson.

« Vu que a été lu à l'assemblée un rapport du Très Honorable Lord du comité du Conseil pour les affaires de Guernesey et Jersey daté du 27 juin 1890 dans les termes suivants ;

« Comme il a plu à Votre Majesté, conformément à son Ordre général du 21 mars 1862, de renvoyer à l'examen du comité l'humble pétition des États de l'île de Guernesey exposant que depuis l'année 1814 jusqu'à ce jour les États ont été autorisés par divers Ordres en Conseil de lever un impôt ou taxe sur toutes les liqueurs spiritueuses consommées dans l'île, laquelle taxe sur les liqueurs spiritueuses est maintenant de deux shellings six pences (monnaie de Guernesey) par gallon sous l'autorité d'un Ordre de Votre Majesté en Conseil du 6 septembre 1880, et que lesdits États ont été aussi autorisés par un autre Ordre en Conseil de lever un impôt ou taxe de neuf pences par gallon sur tous les vins importés dans l'île, que lesdits impôts et taxes forment, sauf exception tout à fait insignifiante, le total des revenus des États, à l'exclusion des droits de port (lesquels sont uniquement appliqués à l'extinction et au service régulier de la dette du port) — lesdits revenus des États étant employés entre autres aux objets suivants : Améliorations publiques, entretien des routes d'un bout à l'autre de l'île et d'une partie des rues de la ville de Saint-Pierre Port, défense des côtes contre la mer, dépenses relatives à la milice, subsides aux diverses paroisses de l'île pour contribuer à l'éducation primaire, participation à l'entretien de l'école intermédiaire, subside annuel au collège Elisabeth, etc. ; — que les dépenses annuelles des États vont toujours en augmentant et qu'il continuera nécessairement à en être ainsi ; qu'elles se montent à présent à 5.000 livres sterling de plus qu'il y a quinze ans ; qu'à présent, l'excédent des recettes sur les dépenses ordinaires annuelles ne s'élève pas à plus de 2.000 livres sterling ; — que considérant ce faible excédent, les États ont été dans la nécessité de différer l'exécution de beaucoup d'améliorations publiques importantes et l'inauguration de beaucoup de mesures avantageuses, telles que, entre autres, des subventions plus fortes pour l'éducation primaire dont les dépenses pèsent lourdement sur les contributions paroissiales et qui, d'après un mouvement croissant de l'opinion, devrait être, entièrement ou pour la plus grande part, à la charge des États ; — que le besoin d'une police salariée dans toute l'île est vivement réssenti, et que si elle était établie, elle devrait être payée sur le revenu des États ; qu'il est d'opinion très générale que le soutien des pauvres, spécialement de ceux qui n'ont pas un établissesement légal dans l'île, actuellement supporté par les différentes paroisses, doit être en tout ou en partie à la charge des États, et qu'également la moitié du coût de l'éclairage de la ville, dont bénéficie toute la communauté, doit être supportée par les États ; — que le bâtiment dans lequel siègent la Cour de justice et les assemblées des États est très incommode et insuffisant, et que lorsqu'une proposition fut faite récemment aux États en vue de l'agrandir et de l'améliorer, l'examen de la question dut être différé pour défaut de ressources à l'effet de réaliser le plan proposé ; qu'une école intermédiaire pour l'éducation de la jeunesse de l'île a été établie dans ces dernières années, mais que les ressources font défaut pour lui assurer un bâtiment convenable ; — que les États ont récemment voté les appointements d'un analyste officiel salarié, qu'ils prendront bientôt en considération un projet d'envoyer les jeunes délinquants dans quelque établissement réformatoire autorisé, hors de l'île ; et qu'il y aura lieu également de mettre à l'étude la proposition faite depuis longtemps de l'aide à donner à une école d'éducation technique ; — que toutes ces mesures constitueront des charges annuelles en dehors de leurs revenus ordinaires ; que prenant en considération l'exposé de tous les motifs ci-dessus, et notamment le fait qu'en dehors de la dette contractée pour l'amélioration du port, s'élevant à la fin de l'année 1889 à près de 175.000 livres sterling, la dette des États est d'environ 100.000 livres, les États ont, dans une assemblée tenue sous la présidence du baillif le 20 avril 1888, délégué un comité pris dans leur sein pour faire rapport sur l'état général de leurs finances et les moyens d'augmenter leurs ressources ; que le 20 juin suivant, le comité a fait son rapport qui a été imprimé et communiqué aux États dans le *billet d'État*, ou notice contenant l'objet des délibérations et autres matières, le 6 août ; que le 28 décembre 1888, les États assemblés de nouveau sous la présidence du baillif, lorsque le rapport et les propositions du comité nommé le 20 avril précédent furent soumis à leur délibération, décidèrent de présenter une humble pétition à Votre Majesté en Conseil, suppliant Votre Majesté qu'il lui plaise les autoriser gracieusement.

« 1° A augmenter l'impôt ou taxe sur les liqueurs

spiritueuses consommées dans l'île, de deux shellings six pences à quatre shellings anglais, à compter du 1ᵉʳ janvier 1889, pour la même période et aux mêmes termes et conditions qu'il avait plu à Votre Majesté de fixer gracieusement pour l'impôt ou taxe levé en vertu de l'Ordre en Conseil de Votre Majesté du 6 septembre 1880 :

« 2° A lever un impôt ou taxe de huit pences (monnaie de Guernesey) par livre de tout tabac, et de un shelling (monnaie de Guernesey) par livre de tous cigares consommés dans l'île ;

« 3° A lever un impôt ou taxe de deux pences (monnaie de Guernesey) par gallon de toute bière importée dans l'île ; ces droits devant néanmoins être remboursés sur la réexportation directe hors des entrepôts des États.

« Les Lords du comité ont eut aussi à prendre en considération les pétitions de certains négociants, marchands et habitants de l'île de Guernesey contre les impôts proposés, et une lettre de MM. Bass, Ratliffe et Gretton, combattant la taxe proposée sur la bière, ainsi que la réponse du comité des États de l'île de Guernesey à leurs objections ; et Leurs Seigneuries soumettent humblement à l'agrément de Votre Majesté l'opinion qu'il est expédient de condescendre à la prière contenue dans la pétition des États de

Guernesey sous la condition que l'autorisation de lever lesdits impôts sur les liqueurs spiritueuses sera exécutoire à partir d'une date à fixer par Votre Majesté, et que, d'accord avec la proposition du comité de l'île de Guernesey, l'autorisation de lever un impôt sur le tabac et les cigares ne sera pas mise à exécution jusqu'à ce que les États de Guernesey dans une séance ultérieure aient pris une résolution au sujet de la perception de cette taxe. »

Ainsi fut fait. L'Ordre de la Reine enregistra purement et simplement les conclusions de ce rapport. Il fixa au 30 juin 1890 le point de départ de la perception des nouvelles taxes sur les liqueurs spiritueuses et il accorda le sursis proposé pour la perception d'une taxe sur le tabac et les cigares. Suivant la formule d'usage « Sa Majesté ordonna que cet Ordre fut entériné sur les registres de l'île de Guernesey et observé en conséquence, et que le lieutenant-gouverneur ou commandant en chef de l'île de Guernesey, le baillif et les jurés, et tous autres officiers de Sa Majesté en fonctions dans ladite île, et toutes autres personnes qu'il concernait, eussent à en prendre note et à se gouverner en conséquence ».

La campagne menée par la majorité des douzaines représentant la population de l'île n'aboutit qu'à retarder de dix-huit mois la perception de la nouvelle taxe sur les liqueurs spiritueuses et à un sursis indéfini de l'impôt sur le tabac et sur les cigares, laissé à la discrétion des États. Il peut paraître dur qu'une manifestation aussi grave de l'opinion publique, s'exprimant par l'organe de ses représentants légaux, ait été traitée dédaigneusement de *pétition de certains négociants, marchands et habitants*, et qu'il n'en ait pas été tenu plus de compte.

Le Conseil privé qui examine toute loi guernesiaise pour la soumettre à la sanction de la Reine propose quelquefois d'y faire des modifications. C'est ainsi qu'en 1889 une assemblée de Chefs-plaids ayant voté une loi provisoire sur le colportage, et les États de Guernesey l'ayant adoptée à leur tour le 13 décembre 1889, la rendant ainsi définitive, le Conseil privé y releva un article obligeant les colporteurs étrangers « après la première infraction, à donner caution à discrétion de justice ou à vuider l'île ».

Le Conseil privé fit observer que cette clause relative à l'expulsion des étrangers était en contradiction avec la législation anglaise, qu'elle pouvait donner lieu à de sérieuses difficultés, et elle invita les États de Guernesey à en délibérer de nouveau.

Ceux-ci dans leur assemblée du 2 mai 1890, supprimèrent la clause critiquée par le Conseil privé, et la loi ainsi amendée fut confirmée par la Reine le 30 juin 1890. La même clause existe cependant dans un grand nombre de lois guernesiaises.

Les États, exerçant ainsi le pouvoir législatif sous la sanction de la Reine, modifient quand ils le jugent convenable les règles de droit civil en vigueur dans l'île. C'est ainsi que, le 9 septembre 1889, ils ont décidé qu'à l'avenir les plus proches parents du décédé, en parité de degré, « tant mâles que femelles », partageraient les successions collatérales mobilières, et que les mâles et leurs descendants n'excluraient plus les *femelles* et leurs descendants.

La même loi a autorisé les pères et mères et tous autres ascendants à placer en fidéicommis la légitime d'un de leurs descendants, celui-ci devant en recevoir sa vie durant les nets intérêts et dividendes.

Une loi du même jour a réduit la durée des prescriptions. Une autre a fixé l'étendue des privilèges accordés au propriétaire en cas de faillite ou de déconfiture pour les loyers dus par le failli.

Outre sa participation au pouvoir législatif par

la préparation des lois, la Cour royale de Guernesey rend dans ses Chefs-plaids, tenus trois fois par an, des ordonnances qui touchent à la législation et à l'administration du pays. L'origine de ce droit exceptionnel est très ancienne. La Cour en était en possession à l'époque à laquelle remontent ses plus anciennes archives, c'est-à-dire au commencement du xvi° siècle.

Les Chefs-plaids se tiennent avec une grande solennité un des premiers lundis après Pâques, après la Saint-Michel et après Noël. Les officiers de justice, les possesseurs de fiefs, les avocats sont obligés d'y assister : chaque paroisse doit se faire représenter par un de ses connétables. Un grand nombre de fiefs appartenant à la Couronne, le procureur de la Reine répond à l'appel pour Sa Majesté. Ce n'est autre chose que « l'Assemblée des leudes et barons » des Rois normands.

Les ordonnances proposées peuvent être discutées par les personnages convoqués aux Chefs-plaids et ayant le droit d'y assister. Les particuliers eux-mêmes sont admis à présenter des observations par le ministère d'un avocat. Mais les jurés-justiciers composant la Cour royale votent seuls à la majorité des voix, le bailli ne votant qu'en cas de partage.

L'ordonnace rendue par la Cour aux séances de Chefs-plaids reste en vigueur pendant un an, sans qu'il y ait lieu de demander la sanction de la Couronne. La Cour royale peut même, sur l'avis des officiers de la Couronne, rendre dans l'intervalle des Chefs-plaids des ordonnances provisoires qui tombent en désuétude si elles ne sont comfirmées par les prochains Chefs-plaids et ainsi maintenues d'année en année.

Les limites de ce pouvoir législatif de la Cour sont mal définies. Cependant il est admis que ces ordonnances ne peuvent modifier ni le droit coutumier des îles, ni des lois régulièrement votées par les États et sanctionnées par la Reine. La Cour use avec modération de cette prérogative ; quand une mesure a un caractère durable, elle la soumet presque toujours aux États. Les ordonnances de Chefs-plaids consistent surtout en règlements de procédure et de police et en mesures prescrites pour l'exécution des lois. Ce sont plutôt des règlements d'administration publique que des lois proprement dites : cependant elles édictent fréquemment des pénalités.

Il y aurait danger évident à exagérer un droit aussi exorbitant : les ordonnances de Chefs-plaids ont en effet force exécutoire sans l'approbation royale, sans l'assentiment du gouverneur, sans le concours ni le vote des contribuables et de leurs délégués.

Les Chefs-plaids d'après Noël 1896 ont été tenus le lundi 18 janvier 1897.

Avant l'ouverture de la séance, le baillif a prié le prévôt de la Reine d'informer Son Excellence le lieutenant-gouverneur que les Chefs-plaids étaient assemblés. Le prévôt a répondu que le lieutenant-gouverneur n'avait pas l'intention d'assister à la séance.

Après les prières d'usage, le greffier a procédé à l'appel nominal.

Le baillif, neuf jurés-justiciers, le procureur et le contrôle de la Reine, un connétable de chacune des paroisses de l'île étaient présents.

Les seigneurs furent appelés sous leur titre ancien : l'évêque de Winchester, l'abbé du Mont Saint-Michel, l'abbé de Noir Moutier, l'abbé de Blanchelande, l'abbé de la Frairie, l'abbé de la Croix Saint-Geoffroy, l'abbesse de Caen, les seigneurs de Saumarez, Saint-Martin ; des Bruniaux de Saint-Martin ; des Mauxmarquis ; des Bruniaux de Noirmont ; de Henry de Vaugrat ; des Philippes ; de Canelly ; de Fantôme et des Rohais, auquel répondait le possesseur actuel du fief.

Le procureur de la Reine fit part aux Chefs-plaids de la confirmation par les États d'un certain nombre d'ordonnances devenues ainsi des lois définitives et permanentes :

« Ordonnance relative aux significations donnant garnissement ;

« Ordonnance concernant la salubrité publique ;

« Ordonnance concernant le service des voitures publiques ;

« Ordonnance concernant la vente de bière et de cidre ;

« Ordonnance concernant l'uniforme des forces de Sa Majesté. »

Toute une série d'ordonnances furent renouvelées pour un an sans soulever de contradiction :

« Ordonnance relative aux maisons de prostitution et aux prostituées ;

« Ordonnance relative à la maladie dite « Swine Fever » ;

« Ordonnance relative aux nouveaux billets des États de une livre sterling ;

« Ordonnance concernant les pilotes ;

« Ordonnance concernant la perception de l'impôt sur les liqueurs sur les liqueurs spiritueuses. »

Le procureur de la Reine présenta et fit adopter une longue ordonnance nouvelle sur la police de la pêche. Il fit également adopter une revision de tous les règlements anciens concernant les navires frappés ou soupçonnés d'être atteints du choléra, de la fièvre jaune et de la peste.

Il a été décidé de la faire imprimer et d'en distribuer des exemplaires aux pilotes.

Deux renouvellements d'ordonnances ont été combattus par M. de Mouilpied, avocat.

L'une était relative à la jouissance d'un cours d'eau donnant lieu à des difficultés entre particuliers ; l'autre était relative aux routes, rues et chemins de l'île. Elle avait trait à l'érection des bâtiments, et fixait l'épaisseur des murs, pignons et murs mitoyens à dix pieds du chemin public, avec un article additionnel obligeant tout constructeur à avertir les connétables de la paroisse au moment de commencer toute bâtisse de murs, murs mitoyens et pignons, et ce sous peine d'une amende de 20 à 100 livres tournois.

Sur les observations de M. de Mouilpied, des questions aussi délicates et aussi importantes furent renvoyées à une autre séance.

On voit, par ce résumé d'une des dernières tenues de Chefs-plaids, la variété des sujets sur lesquels s'exerce le pouvoir exceptionnel de la Cour royale de Guernesey.

Il est difficile d'établir une ligne de démarcation

bien précise entre les matières que les assemblées de Chefs-plaids ont le pouvoir de réglementer et celles qui doivent être réservées aux États. Parmi ces dernières figurent les ouvertures de crédits, même les plus minimes.

Outre les États dits de délibération qui forment l'Assemblée législative, il existe à Guernesey des États d'élection dont la mission se borne à nommer, quand l'occasion s'en présente, les jurés-justiciers, et un fonctionnaire qui n'est électif qu'à Guernesey — le prévôt de la Reine.

Jusqu'au XVI° siècle les jurés-justiciers étaient élus directement par le peuple. Les connétables recueillaient les votes des paroissiens aux porches des églises. A la fin du XVI° siècle ce mode de votation a été changé, et les jurés-justiciers ont été nommés par les États d'élection.

Les États d'élection se composent du baillif et des jurés-justiciers, de tous les recteurs anglicans sans exception, du procureur de la Reine, de tous les douzeniers des paroisses de l'île et de deux connétables par paroisse, élus chaque année par les contribuables. Ils forment un collège électoral de 224 membres, quand aucun de ceux qui sont appelés à en faire partie n'est empêché : c'est donc, pour une population de 35.000 âmes, un suffrage des plus restreints. Les membres de droit nommés par la Reine n'y sont qu'en petit nombre, 12 sur 224. Les douzeniers et les connétables sont issus du suffrage direct des habitants et les douze jurés-justiciers ont aussi une origine élective.

A l'une des dernières élections pour le remplacement d'un juré-justicier dont la démission avait été agréée par la Reine, M. T. Godfrey Carey, baillif actuel, a dans une allocution ainsi résumé les qualités que doivent réunir les membres élus de la Cour royale de Guernesey dont les pouvoirs sont si étendus et les attributions si complexes :

« Permettez-moi, a-t-il dit, d'attirer votre attention sur les qualités que doit posséder un magistrat ; il suffit pour moi de vous citer le Précepte d'Assise qui, écrit en 1363, définit exactement ce que doit être un juge. Cinq choses sont nécessaires : 1° la notabilité, et par cela il faut entendre que la personne choisie doit avoir acquis un rang et une position après avoir rempli avec honneur des charges publiques. La seconde est d'être riche ; par cela il ne faut pas entendre qu'un homme a accumulé des biens, mais qu'il en possède assez pour n'avoir pas à redouter les tentations de la misère. La troisième est la sagesse, et cela signifie que l'homme doit avoir la patience d'entendre les deux côtés, il doit être calme, réfléchi, avant de se former une opinion. Quatrièmement, il faut qu'il soit discret, ce qui signifie qu'il doit savoir discerner le vrai du faux, le juste de l'injuste, ce qui lui permet de rendre un jugement sain et impartial. La cinquième est peut-être la plus importante de toutes, car elle exige la loyauté, et par cela il faut entendre un homme qui va droit au but, sans crainte, sans transiger avec sa conscience, un homme qui sera fidèle à son serment et qui ne cessera jamais de faire tout pour Dieu, pour la défense et le maintien des lois de son pays. »

Aux États d'élection le vote du baillif n'est pas prépondérant. Il n'a, d'après Warburton, que *son simple vote comme chacun des électeurs.* En cas d'égalité de voix l'on procède à une nouvelle élection ainsi qu'il fût réglé en février 1830, lors d'une élection de jurés, MM. Mansell et Dobrée ayant obtenu chacun un nombre égal de voix.

On voit que ce qui caractérise l'assemblée législative de Guernesey, les États de délibération, c'est que l'élément populaire et direct n'a aucune part dans leur composition. Ils sont formés exclusivement par un scrutin à deux degrés — les États d'élection nommant les jurés-justiciers, et les douzaines nommant les députés. Les autres membres des États sont nommés par la Reine.

XI

Administration de l'ile de Guernesey. — Les douzaines. — Les assemblées de chefs de famille. — Les comités des États.

Tandis qu'à Jersey, les connétables, appuyés sur les assemblées paroissiales et placés sous le contrôle de la Cour et des États, sont le principal rouage de l'administration paroissiale, à Guernesey la douzaine tout entière conserve la gestion des affaires de la paroisse, la direction effective de l'administration.

Les douzeniers sont élus à vie : ils doivent, suivant l'expression du pays, valoir 35 quartiers, soit 21.000 francs. Le quartier est estimé 25 livres sterling de Guernesey, c'est-à-dire 600 francs.

Le cens pour être électeur est plus élevé qu'à Jersey. Il est de 8 quartiers, déduction faite des rentes dues sur les immeubles qui sont soumis à la taxe. Pour être inscrit sur la liste électorale, il faut posséder des meubles ou immeubles estimés, nets de toutes charges, 4.800 francs au moins.

Les contribuables de la paroisse élisent deux connétables qui restent en fonctions une année seulement. Le plus âgé préside la douzaine. Ils sont chargés de la police, de la voirie. Les connétables de Saint-Pierre Port ont sous leurs ordres six agents de police salariée qui reçoivent chacun 50 livres (1.200 francs) par an. Une loi de 1868, a autorisé les paroisses rurales à établir une police salariée par décision de l'assemblée des chefs de famille : aucune d'elles n'a usé de ce droit. Le rôle des connétables est plus subordonné qu'à Jersey : ils exécutent les décisions de la douzaine et celles des assemblées des chefs de famille.

A Guernesey comme à Jersey les citoyens doivent leur assistance aux connétables et à leurs auxiliaires pour l'arrestation des malfaiteurs.

Une loi du 6 août 1888 a réglé cette obligation. L'amende peut s'élever jusqu'à 3 livres sterling, et l'emprisonnement à défaut de paiement de l'amende jusqu'à deux mois. La déclaration par serment du connétable ou de son assistant fait preuve de la contravention. Le 3 octobre 1889, la Cour de police de Guernesey a prononcé la peine de 2 livres sterling d'amende, ou de seize jours d'emprisonnement contre deux Guernesiais qui avaient refusé de prêter main-forte pour l'arrestation d'un condamné.

Non seulement les connétables doivent faire la police de l'île, mais ils doivent arrêter sur la dénonciation des consuls les marins étrangers qui désertent de leurs navires. Une loi de 1852 — le Foreign Deserters Act — a autorisé la Reine à accorder ce privilège à titre de réciprocité aux représentants des pays qui l'accorderaient à la marine anglaise à la condition que le déserteur ne soit ni sujet britannique ni esclave.

Les marins ainsi arrêtés sont déférés à la Cour royale qui ordonne, si le fait de désertion est établi, que le déserteur soit remis à bord du navire auquel il appartient.

Une des principales attributions des connétables est d'assurer le recouvrement des taxes paroissiales.

Ces taxes sont divisées en deux classes. La première frappe tous les biens meubles et immeubles possédés par le contribuable. Celui-ci doit faire une déclaration solennelle devant un juré-justicier de la Cour royale de la valeur de ses rentes, des maisons et des terres qu'il possède dans l'île, déduction faite des rentes dues par lui sur ses immeubles. Il doit déclarer également tous ses biens meubles. Il est condamné à une amende s'il s'abstient de faire cette déclaration.

En cas d'abstention ou de désaccord, la douzaine

fait elle-même l'estimation et la Cour royale statue sur la réclamation du contribuable. De même qu'à Jersey ces réclamations sont fort rares.

L'impôt paroissial direct est levé au prorata de cette estimation. Sa quotité varie dans chaque paroisse et dans la même paroisse elle varie chaque année suivant les besoins de l'exercice. La taxe de première classe était, en 1889, pour la ville de Saint-Pierre Port de 1 shelling 4 deniers par quartier, soit 1 fr. 60 pour un capital mobilier ou immobilier de 600 francs.

L'assemblée des chefs de famille décide les dépenses dont le coût est à la charge des contribuables. Ils sont convoqués par des affiches et par des insertions d'annonces dans les journaux. S'ils refusent d'autoriser la dépense, la douzaine n'a d'autre ressource que de suspendre le service d'intérêt public pour lequel elle est demandée. Il n'en est autrement que pour le paiement des rentes dues par la paroisse. C'est une dépense obligatoire dont le montant est réparti d'office entre les contribuables. L'assemblée des chefs de famille ne peut délibérer sur une taxe nouvelle qu'après y avoir été autorisée par une décision de la Cour royale. Cette autorisation s'appelle d'un nom bizarre : *Remède*.

L'entretien des pauvres, les hôpitaux, l'église,

le presbytère, les écoles paroissiales, les dépenses de l'administration de la douzaine et des connétables, l'éclairage, la police salariée sont à la charge de la taxe de première classe.

Une taxe supplémentaire, dite de seconde classe, frappe tous les immeubles situés dans la paroisse. L'estimation en est faite d'après leur valeur locative, chaque quartier de 600 francs étant supposé rapporter une livre sterling de 24 francs. Mais cette estimation subit une réduction de 20 p. 100 pour les maisons et de 50 p. 100 pour les terres.

Cette seconde taxe, exclusivement immobilière, doit pourvoir au nettoiement des rues, aux pompes et citernes publiques, aux pompes à incendie, à l'inspection sanitaire, au service des rentes dues par la paroisse, aux égouts et aux tonnelles, aux améliorations publiques, aux frais du cadastre.

D'après une ancienne coutume de l'île, les assemblées paroissiales devaient avoir lieu soit dans l'intérieur de l'église, soit au porche de cette église. Cette obligation était quelquefois gênante et l'usage tendait à s'en affranchir. Une loi, votée le 9 septembre 1889 et confirmée par la Reine le 13 décembre suivant, déclara que ces assemblées « pourraient désormais être tenues légalement, soit dans l'école paroissiale ou dans tel autre lieu dans la paroisse » désigné par les chefs de famille.

Les convocations ont lieu sous la forme suivante :

« Les connétables et douzeniers de la ville et paroisse de St-Pierre Port prient les chefs-de-famille étant propriétaires de terrains en icelle (deuxième classe), de s'assembler dans la salle dite *Young Men's Christian Association Room*, Arcades des Etats, mercredi prochain, le 28 Août, à onze du matin, afin de délibérer s'ils seraient d'avis de lever sur les propriétés payant taxe dans ladite paroisse la somme de sept cent quatre-vingt-dix livres sterling, pour les besoins publics suivants :

Pour les pompes publiques.	175 l. s.
Pour égouts	325
Pour rentes.	35
Pour objets sanitaires.	100
Pour pompes à incendie.	50
Pour balayage	105
	790 l. s.

« Aussi, la somme de 300 livres sterling, ou autre somme que les chefs-de-famille jugeront à propos, afin de payer pour des *Ball Hydrants* pour être fixés aux tuyaux de la compagnie des *Waterworks*, pour s'en servir en cas d'incendie ou en autres causes d'urgence.

« George-A. De Garis, John-T. Lainé,
connétables. »

« Bureau des connétables, ce 23 août 1896. »

Un dernier recours est accordé aux habitants de la paroisse qui ont à acquitter ces taxes.

Lorsque l'assemblée des chefs de famille a voté une taxe nouvelle, tout contribuable peut y faire opposition devant la Cour royale.

Comme à Jersey, les États administrent directement, par des comités pris dans leur sein, les services publics qui intéressent l'île entière. Les travaux publics ordonnés par les États sont exécutés sous la direction d'un des membres de la Cour royale qui porte le titre de superviseur de la chaussée, c'est-à-dire du port ou havre, autrefois désigné sous le nom de *la chaussée*. Avant l'établissement des droits d'entrée sur les vins et liqueurs, les droits de port formaient l'unique revenu des États. Aussi le superviseur de la chaussée qui les percevait était-il naturellement le trésorier des États. Il a conservé cette fonction en ajoutant d'autres revenus à ceux qu'il encaissait primitivement : c'est en son nom que sont exercées les poursuites pour le recouvrement de ce qui est dû aux États.

Les droits de port et de quai sont assez élevés : ils sont de 2 shellings 6 deniers — 3 francs en monnaie française qui a cours à Guernesey — par tonneau de marchandises de toute sorte sans tenir compte de leur valeur. Il a été récemment proposé de les réduire pour certaines marchandises d'intérêt général, mais par leur délibération du 1ᵉʳ septembre 1897, les États ont décidé d'attendre le complet amortissement de la dette du port, réduite à 60.000 livres sterling. Elle était en 1889 de 175.000 livres sterling. On voit que cet amortissement est fort rapide ; d'après les perceptions actuelles, il ne réclamerait plus qu'un délai de trois ou quatre ans.

Un des comités les plus importants est le comité pour l'éducation paroissiale primaire, établi en vertu d'une loi récente qui a soulevé de grands orages et dont l'application est une cause de perpétuels conflits, — la loi sur l'instruction publique primaire. Le principe de cette loi est que les dépenses jugées nécessaires, soit pour la construction, soit pour l'entretien des écoles primaires, doivent être payées à frais communs par les États et par les paroisses. Mais à ce sujet les discussions les plus aigres s'engagent trop souvent sur les nécessités et sur l'utilité de ces dépenses et sur le mode de concours des paroisses. Les choses en sont venues à ce point que, pendant plusieurs semaines, les écoles primaires de Saint-Pierre Port ont été fermées. Les connétables et les douzeniers de la paroisse de Saint-Pierre Port ont refusé de lever les taxes pour acquitter la part de la paroisse dans ces dépenses, et le 24 juillet 1896, la Cour a rendu un arrêt ainsi conçu :

« La Cour ordonne aux connétables et douzeniers de la paroisse de Saint-Pierre Port de lever, par voie de taxe sur les habitants de ladite paroisse, aussi bien que sur la propriété foncière de ladite paroisse, la somme de 30 livres sterling, ainsi que celle de £ 773 4 s. 4 d., et de payer les dites sommes entre les mains du trésorier des États, dans les quatre mois de la date du présent, sous peine d'une amende de 50 livres sterling pour chaque connétable et de 25 livres sterling pour chaque douzenier. »

C'est également un comité qui est chargé de l'entretien des rues de la capitale de l'île, Saint-Pierre Port. La loi qui a institué ce comité explique dans son article 9 que cet entretien comprend la réparation, le balayage, l'arrosement et le nettoyage. Les esplanades et les quais du port sont entretenus à l'aide de ressources spéciales : ils ne rentrent pas dans l'administration de ce comité. Celui-ci est composé d'un président nommé pour cinq ans par les États et de six membres. Trois sont choisis par les États dans leur sein, trois autres par la douzaine de Saint-Pierre Port parmi les chefs de famille de la paroisse. Tous restent en fonctions jusqu'à l'expiration du terme légal, même s'ils viennent à perdre la qualité à raison de laquelle ils ont été nommés. Chaque année deux membres du comité — un de chaque catégorie — sortent de charge à tour de rôle.

Le budget de ce comité est assuré par un crédit de 800 livres sterling prélevé sur le revenu général des États, et par une contribution d'un penny par pied courant sur la longueur des maisons et terrains bordant la rue, que doivent payer leurs propriétaires. La perception de ces contributions se fait par les soins des connétables. Ils annoncent dans la *Gazette officielle* qu'à une date déterminée ils seront à leur bureau pour les recevoir. En cas de non-paiement, la perception a lieu à domicile avec une amende supplémentaire de dix pennis.

Le propriétaire qui n'effectuerait pas ce paiement et celui de l'amende encourue dans un délai de quarante-huit heures serait l'objet de poursuites. Il serait, dit l'article 5 de la loi, « sujet à une amende de 18 sous tournois pour chaque paiement qu'il n'aurait pas fait, et ce en outre les journées du connétable faisant la poursuite ».

Tout propriétaire de maison ou terrain bordant une rue pavée de la ville a le droit de demander au comité qu'elle soit refaite en macadam, asphalte ou autre matière analogue. Si le comité juge ce travail utile, il doit s'adresser à la Cour royale en corps qui statue après avoir entendu les connétables et les parties intéressées. D'après l'article 10 de la loi, la Cour ne peut autoriser cette transformation si les propriétaires de la moitié en longueur des maisons et terrains bordant la rue s'y opposent.

Il a été fondé en 1895 un comité nouveau pour la propagation artificielle des homards. Un premier crédit de 100 livres sterling lui avait été alloué : le 1ᵉʳ septembre 1897, les États lui ont alloué un second crédit de 75 livres sterling. D'après les rapports du comité, en deux ans 30.000 jeunes homards étaient éclos. Il a été expliqué en outre à cette occasion que l'approvisionnement en œufs de l'incubateur présentait de sérieuses difficultés, mais qu'une fois sortis de cet appareil les jeunes homards se tenaient au fond de la mer où ils étaient protégés par les hautes herbes marines jusqu'à ce qu'ils fussent assez forts pour se diriger. M. de Vic Carey, juré-justicier, a ajouté : « L'île se repeuplera de homards, alors qu'elle était menacée d'être, dans quelques années, comme Jersey où l'on ne voit plus un seul homard. »

Le 2 décembre 1896, les États ont nommé un

comité pour l'exécution d'une loi du 22 septembre précédent qui avait déclaré d'utilité publique la confection d'une nouvelle carte de l'île. Les membres de ce comité, les officiers, employés et arpenteurs chargés de ce travail furent autorisés « après avoir donné par écrit trois jours d'avance avertissement au propriétaire ou à l'occupant, à entrer sur et à parcourir toute propriété quelconque (les maisons exceptées), afin de faire le lever de plans et l'arpentage de cette île, comme aussi d'y planter des bornes, piquets et poteaux, et de fixer ou placer sur les édifices publics, arbres, murailles, murs et fossés de telle propriété, des marques, plaques et d'autres objets pour servir de bornes, pourvu toutefois que le moindre dommage possible sera fait à ladite propriété dans l'exécution de ce travail. »

Pour l'exécution de ces mesures, la loi ajoutait :

Art. 4. — Il sera payé par les États de cette île au propriétaire ou à l'occupant une compensation juste et raisonnable pour le dommage qui lui aura été causé, laquelle compensation sera fixée par la douzaine de la paroisse où est située la propriété endommagée.

Toute demande en compensation sera par écrit et devra être livrée dans les quarante-huit heures qui suivront la commission du dommage allégué, tant au doyen de la douzaine qu'au superviseur de la chaussée et trésorier des États. Le doyen avertira les douzeniers et les parties respectives de comparaître sur le lieu dans la huitaine qui suivra la demande en compensation afin d'en ordonner. Lesdits douzeniers, après l'audition des parties feront de suite notifier leur arrêt aux parties, auxquelles il sera respectivement loisible dans les dix jours qui suivront la notification de l'arrêt d'en appeler devant la Cour ordinaire dont la décision sera finale, après l'audition des parties et de leurs témoins s'il y en a.

ART. 5. — Toute personne mettant empêchement ou obstacle, soit aux officiers et employés dans l'exécution de leur devoir, soit au susdit comité des États, sera passible d'une amende à discrétion de justice qui ne sera pas moins de 2 livres sterling et n'excédera pas 10 livres sterling. Sera aussi passible d'une pareille amende celui qui, sans être dûment autorisé à ce faire, ôte, retire, déplace ou change de position des bornes, piquets, poteaux, marques, plaques ou autres objets qui auront été plantés, fixés ou placés par ou pour ledit Comité des États.

ART. 7. — Les amendes seront applicables moitié à Sa Majesté et moitié au délateur.

Parmi les pouvoirs administratifs de la Cour royale figure celui d'accorder des licences pour la vente au détail des vins, des liqueurs spiritueuses, de la bière et du cidre. Elle édicte également les règlements que doivent observer les débitants autorisés par elle. Le droit de licence ne doit pas dépasser 2 livres sterling par an. Toute contravention est punie d'une amende qui peut varier entre 14 et 30 livres tournois et qui peut s'élever en cas de récidive, jusqu'à 140 livres tournois. Si le délinquant est étranger, il doit en cas de seconde infraction être condamné à donner caution à discrétion de justice ou « à vider l'île ».

Une clause spéciale de la loi dispense de cette réglementation les fermiers de l'île vendant du cidre qu'ils ont fabriqué ou fait fabriquer eux-mêmes.

XII

Organisation judiciaire de l'île de Guernesey. — Unité de juridiction de la Cour royale. — Le prévôt de la Reine. — Honoraires du baillif et des jurés-justiciers. — Le barreau guernesiais.

L'unité de juridiction de la Cour royale de Guernesey est absolue. Il n'y a pas comme à Jersey de magistrat chargé de recouvrement des menues dettes et de la répression des moindres délits ; il n'y a pas non plus d'assises criminelles. Il n'existe pas de juge d'instruction. Le baillif et les douze jurés-justiciers suffisent, sans aucun allégement de leur tâche, à l'accomplissement de toutes les fonctions judiciaires.

La Cour mobilière ou d'amirauté est composée du baillif et de deux jurés. Le baillif et deux jurés siègent également comme Cour de police et procèdent à huis clos à l'instruction des affaires criminelles. Cette Cour de police, ainsi composée, juge publiquement les délits de peu d'importance.

Pour composer la Cour d'héritage qui juge les procès immobiliers, le baillif est assisté de trois jurés.

La Cour en corps est constituée, comme à Jersey, par sept jurés-justiciers sous la présidence du baillif. Elle juge, comme Cour criminelle, les affaires trop graves pour être déférées à la Cour de police. C'est devant elle que sont portés les appels en matière civile, et enfin c'est elle qui statue lorsqu'une partie a eu recours à la clameur de haro.

En matière criminelle, les peines sont discrétionnaires dans un grand nombre de cas ; en fait elles sont toujours très modérées.

La Cour de police peut prononcer jusqu'à deux mois de prison ; elle peut aggraver l'emprisonnement par le travail forcé dans les cas suivants :

1° Pour vol et tentative de vol ;

2° Pour apropriation frauduleuse d'argent ou effets au moyen de faux prétextes ;

3° Pour violence exercées tant envers un connétable ou autre officier public dans l'exercice de ses fonctions que contre tout autre individu ;

4° Pour avoir fait partie d'un rassemblement tumultueux.

Lorsque la peine est une amende, elle peut être remplacée à défaut de paiement par un emprisonnement dont le maximum est de deux mois.

Les témoins défaillants sont condamnés pour la première fois à une amende n'excédant pas 10 shellings. Pour tout défaut subséquent ils peuvent être condamnés « à une amende ou autre punition à discrétion de justice ».

Lorsque la Cour de police condamne un mari pour violence grave envers sa femme, ou pour l'avoir négligée ou abandonnée par suite d'ivresse habituelle, le jugement peut dispenser la femme de continuer la vie commune, lui accorder « la garde et la custodie » des enfants issus du mariage au-dessous de l'âge de quatorze ans. Le même jugement fixe la somme que le mari devra payer à sa femme par semaine.

La loi du 13 décembre 1889 qui a autorisé la Cour de police correctionnelle à prononcer ainsi et à réglementer la séparation de corps ajoute :

« Bien entendu toutefois qu'il ne sera rendu de sentence ordonnant le paiement par un mari à sa femme d'une somme par semaine, ou donnant à la femme la garde et la custodie des enfants, dans le cas où la femme aura été convaincue d'adultère, à moins que l'adultère n'ait été pardonné par le mari. Et pourra la sentence ordonnant tel paiement être révoquée par la Cour, cas avenant qu'il soit prouvé devant la Cour que la femme a commis adultère depuis que la sentence de la Cour fut rendue en sa faveur. »

Le baillif dirige les débats. Président de toutes les juridictions de première instance, il préside également la Cour en corps qui juge souverainement en appel.

Les fonctions de sa charge sont « de recueillir les opinions des jurés, de prononcer leurs sentences et de les dicter au greffier ». Il est reconnu que, comme président de la Cour royale, en cas de partage « son opinion emporte la balance ».

Le baillif, les jurés justiciers, le procureur et le contrôle de la Reine chargés en matière criminelle et de police, des fonctions du ministère public, prêtent serment, avant d'entrer en charge, « de maintenir de tout leur pouvoir la république de cette île en ses libertés et privilèges ».

Le prévôt de la Reine est chargé de l'exécution des arrêts civils et criminels. Par une disposition très ancienne, spéciale à Guernesey, cet officier de justice est nommé par les États d'élection avec la même solennité que les jurés-justiciers. Il est fait mention du prévôt dans le document connu sous le nom de « Constitution du roi Jean ».

Ces constitutions fameuses, sur lesquelles les

historiens et les archéologues ont longuement disserté, n'existent qu'en copies. L'original qui devait remonter au roi Henri III d'Angleterre n'existe plus. C'est le procès-verbal d'une enquête ordonnée par l'autorité royale sur les privilèges et coutumes de l'île. Cette enquête ne concernait que Guernesey : les noms des membres du jury chargés de l'enquête sont tous des noms de Guernesiais. Parmi les privilèges que cette enquête avait constatés, figurait celui d'élire le prévôt (prœpositus), officier remplissant les mêmes fonctions que les shériffs en Angleterre et que le vicomte à Jersey. Mais à Jersey, le vicomte est nommé par la Couronne, et en Angleterre la ville de Londres seule possède le droit d'élire son shériff.

Le prévôt est tenu d'assister à toutes les audiences de la Cour. Il perçoit les amendes, autant que possible séance tenante, et il procède aux exécutions sur les personnes. Il est chargé de l'arrestation des prévenus et des condamnés ; il veille à la garde des prisonniers et à l'entretien de la prison. En matière civile, il fait les contraintes par corps et les saisies de biens ; il met, en un mot, la partie gagnante en possession de ce qui lui est adjugé par sentence de justice.

De même que le vicomte de Jersey, c'est lui qui,

a mission de représenter les absents en justice. La garde des étalons des poids et mesures, ainsi que l'étalonnement requis par les particuliers, rentre dans son office.

Le prévôt de Guernesey a le droit de se faire suppléer par un député.

La Cour royale de Guernesey, comme la Cour royale de Jersey, enregistre les contrats privés et leur confère l'authenticité.

Lors de la réorganisation de la milice en 1881, les pouvoirs disciplinaires avaient été maintenus à la Cour royale et la proposition de rendre exécutoire à Guernesey le *Army Act* avait été repoussée.

La question vient d'être de nouveau soulevée à la séance des États du 1er décembre 1897. Le lieutenant-gouverneur est intervenu aux débats. « Le pouvoir de punir des offenses militaires, a-t-il dit, devrait être dévolu aux autorités ayant le droit de donner des ordres militaires. La punition de toute offense militaire devrait être infligée sans trop de délai, et appliquée à tout milicien dans toutes les circonstances où il porterait l'uniforme de Sa Majesté. »

De singulières appréhensions ont été exprimées par un des jurés justiciers, M. de Vic. Carey :

« Quelles seraient les conséquences si la guerre venait à être déclarée avec la France et quelles mesures faudrait-il prendre pour repousser une attaque? Nous serions probablement attaqués par trois ou quatre croiseurs (des bâtiments plus forts n'oseraient pas s'aventurer au milieu de nos rochers) et notre objet devrait être de les tenir à distance pour huit à dix heures pour permettre à des secours d'arriver de Portsmouth ou de Devonport. Les deux baies où une descente serait possible sont celles de l'Ancresse et de Fermain, ou, si les navires pouvaient arriver jusqu'en rade, le débarquement pourrait s'effectuer sur les chaussées. Des croiseurs armés de canons modernes pourraient facilement bombarder et détruire la ville de derrière Herm ; ils pourraient aussi le faire d'un point situé au delà du Fort Le Marchant. »

Le baillif a saisi cette occasion pour dissiper « une crainte non fondée, un cauchemar véritable relatif à une cession possible des îles de la Manche. Ces dernières avaient toujours été loyales et fidèles, et elles pouvaient à bon droit compter sur l'honneur et la protection de la mère-patrie. Tant que le drapeau national flotterait sur le sol guernesiais comme sur la salle des séances du parlement local, tant que Son Excellence le lieutenant-gouverneur siégerait comme représentant de Sa Majesté, on ne pouvait admettre de telles frayeurs. »

Les États de Guernesey, comme l'ont fait les États de Jersey à leur séance du 6 décembre 1897, se sont bornés à constituer la Cour royale et les officiers de la Couronne en comité pour préparer un projet de loi, mais il y a lieu de présumer, d'après l'ensemble du débat, que les pouvoirs disciplinaires de la Cour sur la milice bourgeoise de Jersey et de Guernesey ne tarderont pas à être transportés en grande partie à l'autorité militaire, et que le privilège de cette milice d'être exclusivement sous la juridiction des jurés-justiciers électifs est sérieusement menacé.

Le baillif et les jurés-justiciers de Guernesey siègent en robes violettes. Ils sont rémunérés par des droits qu'a fixés une loi votée par les États et confirmée par un Ordre de la Reine en Conseil, en 1888. Le tarif paraît en être plus élevé qu'à Jersey. Le baillif a en outre, comme le bailli de Jersey, 300 livres sterling d'appointements fixes — le procureur de la Reine 200 livres — le contrôle de la Reine 50 livres, — et le prévôt de la Reine 100 livres.

HONORAIRES DE LA COUR ROYALE

(*Ordre en Conseil enregistré le 1ᵉʳ décembre 1888.*)

Les honoraires payables à M. le Baillif, ou, en son absence, à Messieurs ses Lieutenants et à Messieurs les Jurés de la Cour Royale, seront à l'avenir comme suit :

SÉANCES DE LA COUR ROYALE

	L.	s.	d.
Pour toute cause ou Remède en Cour ordinaire, en Amirauté ou en Plaids d'héritage, par cause	0	1	3
Pour toute cause ou remède devant la Cour en corps	0	5	0
Pour appel de toute sentence de la Cour	0	2	6
Appropriement en Plaids d'Héritage, par cause.	0	1	8
Examen des témoins à futur, par témoin	0	2	6

Pour les causes en Jugement ou en Vue de Justice, il sera payé par cause.

A M. le Baillif ou M. son Lieutenant	0	1	8
A chaque juré-justicier présent	0	0	10
A chaque avocat présent	0	0	10
Au greffier, au prévôt et au sergent de la Reine, à chacun			

SIGNATURE DES PIÈCES

Pour chaque pièce passée ou collationnée, et pour chaque pièce mise sous sceau hors des jours de sceau, contenant une transaction d'une valeur au-dessous de deux quartiers ou de 50 £	0	1	8

	L.	s.	d.

Idem, d'une valeur au-dessus de deux quartiers ou de 50 £, et au-dessous de dix quartiers ou de 200 £. 0 3 4

Idem, d'une valeur au-dessus de deux quartiers ou de 200 £ 0 6 8

Dans le cas d'un partage, s'il y a autant de copies du partage, présentées pour être signées, que de billes, il ne sera payé que suivant la valeur des billes.

Pour chaque pièce mise sous sceau le jour du sceau, la moitié des susdits honoraires suivant lesdites valeurs.

Bien entendu que lorsqu'il s'agit d'une transaction d'une valeur au-dessus de dix quartiers de froment de rente, il ne sera payé après les six premières copies que un chelin huit pennis par copie.

Pour chaque pièce sur les registres du Greffe collationnée avec l'original. 0 0 10

Pour toute pièce dans laquelle la valeur de la transaction n'est pas mentionnée, y compris procurations et testaments d'immeubles. . . 0 3 4

Pour certificats d'usage et déclarations solennelles 0 5 0

Pour déclarations de toutes autres espèces . . 0 2 6

IL SERA PAYÉ A M. LE BAILLIF

Pour régler le paraphernal d'une veuve. . . . 0 2 6
Pour signature d'une clameur de *haro*. 0 5 0
Pour la signature d'un arrêt au-dessous de dix livres sterling 0 0 10
Idem, au-dessus de dix livres sterling et au-dessous de cinquante livres sterling 0 1 8
Idem, au-dessus de cinquante livres sterling . 0 3 4

Pour signature d'arrêt avec affidavit, le double des susdits honoraires.

	l.	s.	d.
Pour signature d'enrôlement.	0	1	8
Pour visa de requête	0	2	6

IL SERA PAYÉ A MESSIEURS LES JURÉS-JUSTICIERS

	l.	s.	d.
Pour accèdement de lieu et signature de rapport, outre le louage de voiture, s'il en est besoin.	0	5	0
Pour toute autre vacation hors de Cour, en outre la signature de pièce s'il y a lieu et louage de voiture, s'il en est besoin	0	5	0
Séance de commis en Cour aux fins d'un acte de la Cour Royale.	0	3	4
De plus pour vacation au partage de biens-meubles entre créanciers, il sera payé pour chaque créancier	0	0	5
Pour vacation à l'opposition de droits en saisie, il sera payé pour chaque affieffeur	0	0	5

Pour signature de déclarations solennelles en matière de taxation paroissiale devant un seul juré-justicier.

	l.	s.	d.
En Cour.	0	0	5
Hors de Cour.	0	0	10
Vacation qui n'excédera pas trois heures à la Chambre de la douzaine, à la requête des connétables et douzeniers, au lieu des honoraires ci-dessus, en outre louage de voiture, s'il en est besoin	1	0	0

Cette magistrature élective, qui exerce à vie ses fonctions sous la direction d'un président expérimenté et qui statue sur des affaires locales par l'application d'un droit coutumier dont elle a la connaissance pratique, est, quoi qu'on en ait dit, à la hauteur de sa tâche. Le baillif exercerait-il une influence excessive sur ses assesseurs ? L'histoire des îles est là pour démontrer le contraire.

En 1755, William Le Marchant, nommé baillif de Guernesey à la suite de son débat avec la Couronne, eut un conflit avec les jurés-justiciers de la Cour royale. Ceux-ci lui reprochaient, peut-être avec quelque exagération, « d'attirer à lui seul la puissance et l'autorité que la Cour ne possède que collectivement ».

Ils menacèrent le baillif d'un « *cessé* de *justice* ».

— « Nous ne pouvons pas nous dissimuler à nous-mêmes, lui écrivirent-ils, que nous avons promis et juré solennellement, lorsque nous avons été reçus à l'exercice de nos charges, que nous maintiendrions de tout notre pouvoir les libertés et anciens usages des habitants de ces îles. Nous sommes les dépositaires de ces droits que nos prédécesseurs nous ont transmis sans diminution, et nous serions dignes d'être chargés de l'exécration de nos concitoyens et que notre nom passât avec horreur à la postérité la plus reculée, si nous avions l'étonnante lâcheté de permettre qu'on y portât atteinte.

« Nous vous conjurons, Monsieur, au nom de ce grand Dieu qui sera un jour intermédiaire entre vous et nous, de considérer de sang-froid et sans prévention les suites déplorables qu'aurait un cessé de justice ; que cependant nos honneurs et nos consciences, les motifs que nous avons allégués, ne nous permettent pas de continuer nos fonctions conjointement avec vous, en cas que vous persistiez dans votre résolution, sans nous rendre coupables de partialité. »

Le conflit ayant persisté, le cours de la justice fut interrompu. Les jurés-justiciers démissionnaires furent réélus. Quatre d'entre eux, constatant « la marque éclatante d'approbation que les États d'élection venaient de donner à la conduite des anciens magistrats en les élisant une seconde fois », maintinrent leur démission. La Couronne intervint pour régler les difficultés qui avaient amené ce désaccord et pour rétablir la paix. Elle n'a pas été troublée depuis lors.

C'est ce même William Le Marchant qui avait défendu avec tant de fermeté les privilèges des îles contre les empiétements de la Couronne.

L'ancien Coutumier de Normandie forme la base de la législation appliquée par les diverses juridictions des Iles du Canal, sauf les modifications apportées dans chacune d'elles par les diverses autorités qui y ont exercé le pouvoir législatif. Les plus ardents des membres de l'opposition reconnaissent que l'intégrité des juges est à l'abri de toute critique.

. Les arrêts des Cours royales de Jersey et de Guernesey peuvent être déférés au Conseil privé de la Couronne qui siège à Londres.

Pour que ce recours, très coûteux, soit autorisé en matière mobilière, il faut que l'intérêt du litige dépasse 5.000 francs; mais en matière immobilière, il suffit que l'objet du procès ait une valeur de 250 francs pour qu'un arrêt des Cours royales de Jersey et de Guernesey puisse être déféré au Conseil privé.

Ces recours sont extrêmement rares.

A Guernesey, les avocats ont été longtemps à la nomination de la Cour. Leur nombre avait été fixé à six en 1777. Cette situation anormale, faisant du barreau un monopole étroit, avait attiré l'attention de commissaires royaux qui visitaient Guernesey en 1846. Cinquante ans s'écoulèrent avant que leur observation fut suivie d'effet. En 1896, aux Chefs-plaids après la Saint-Michel, la Cour rendit une ordonnance laissant désormais le nombre des avocats illimité, mais leur imposant diverses conditions d'admissibilité. Ils doivent être sujets de la Reine, être nés dans l'île ou y avoir résidé cinq ans. Ils doivent être agrégés d'une des facultés de droit françaises, ou être reçus *utter barristers* en Angleterre ; s'ils sont bacheliers en droit de France, ils doivent, de plus, passer un examen sur le droit Guernesiais, pardevant un comité composé du baillif, du procureur de la Reine et d'un avocat délégué par la Cour.

Cet examen porte également sur la procédure suivie à la Cour de Guernesey et sur la rédaction des contrats et autres pièces qui doivent être soumises à la signature des jurés. Cette ordonnance offre une grande analogie avec le règlement de 1860 qui a organisé le barreau de Jersey.

Les avocats ainsi admis rencontrent une redoutable concurrence. Le procureur et le contrôle de la Reine ont le droit de plaider pour les particuliers dans tous les procès civils.

L'ordonnance de 1896 réorganisant le barreau guernesiais fut déclarée immédiatement applicable, même aux candidats qui avaient fait enregistrer leur demande sous le régime antérieur. Plaidant pour l'un d'eux, un avocat déjà ancien du barreau de Guernesey, M. de Mouilpied, s'exprima ainsi au sujet de la nouvelle ordonnance :

« Il n'y a rien à redire à l'ordonnance elle-même, car c'est là une ordonnance que la Cour aurait dû passer il y a longtemps, et dont on n'aurait jamais à se plaindre. On a ouvert la porte au courage local, en ouvrant la porte du barreau. En demandant des qualités supérieures, nous aurons des hommes tous compétents. C'est là, je le répète, une des bonnes et des belles ordonnances que la Cour a passées ; mais la Cour l'a passée sans publicité ; elle n'a pas été annoncée dans les journaux, personne ne savait. »

Malgré son importance et son caractère permanent, l'ordonnance réorganisant le barreau guernesiais avait été votée en assemblée de Chefs-plaids ; elle était par conséquent soumise au renouvellement annuel. Aux Chefs-plaids de la Saint-Michel de 1897, elle a été attaquée par un jeune candidat qui est venu lui-même présenter ses motifs personnels de contradiction. Il exposa comment, après avoir étudié dans les lycées en France pendant six ans, avoir obtenu les diplômes requis, le dernier seulement avant la passation de l'ordonnance, il avait été empêché de se prévaloir de ses diplômes jusqu'à ce qu'il eût passé l'examen local. Il demanda qu'on fît une exception en faveur de ceux qui s'étaient fait inscrire au greffe sous le régime de l'ancienne ordonnance. Il s'était fait inscrire six ans avant la passation de l'ordonnance.

L'ordonnance fut néanmoins renouvelée après une délibération dans laquelle quatre jurés-justiciers prirent parti pour le postulant.

A un autre point de vue, l'ordonnance fut très vivement attaquée par un avocat d'origine anglaise, M. Wyndham Y. Peel. Un article qui lui fut attribué parut dans le *Guernsey Times*. Il y était dit :

« Considérant l'ordonnance, nous voyons, ce qui était à supposer, que bien qu'une prétention spécieuse soit faite d'ouvrir le barreau qui, jusqu'ici était un monopole, à toutes les personnes dûment qualifiées, il est cependant, en même temps, effectivement fermé à tous les non-natifs du bailliage. Le temps est sûrement arrivé d'accorder à la race conquise tous les droits et privilèges des conquérants. « *Parcere subjectis,* » disait la bonne vieille maxime romaine. Nous pensons qu'elle pourrait bien être adoptée par nous. Nous sommes convaincus qu'Hastings est depuis longtemps pardonné et oublié, et que tout désir de revanche est finalement banni de l'esprit des Anglais. Ne serait-ce pas une saine politique que de les admettre sans restriction sur le même pied d'égalité politique que les quelques favoris qui ont le droit de réclamer fièrement le titre de Guernesiais? Malheureusement, la Cour Royale n'est pas de la même opinion en la matière. Elle a décrété, dans sa sagesse infinie, que, dorénavant, tout membre du barreau anglais désirant practiquer à Guernesey devra : Résider dans l'île pendant cinq ans ; obtenir le degré de bachelier en droit en France, et passer un examen en droit local à Guernesey. Après avoir fait tout cela, il sera enfin gracieusement autorisé à entrer dans ce corps privilégié dont les occupations principales consistent à encaisser les dettes, représenter des compagnies d'assurances et agir comme hommes d'affaires ! Mais, ces petits désagréments ne sont-ils pas amplement compensés par le titre convoité d'avocat à la Cour royale ? Son nom n'est-il pas blasonné et transmis à la postérité dans les pages des almanachs locaux ? Quel plus grand moyen d'émulation à travailler dur pourrait-on imaginer ? Mais si cela n'est pas suffisant, le fait d'avoir à plaider devant des juges qui ne sont pas légistes doit agir comme stimulant irrésistible pour l'étude du droit, car il est clair que dans chaque Cour de Justice, il devrait y avoir quelqu'un qui connaisse la loi. Dans le cours du débat, M. C. Carey (suivant le rapport publié dans la *Gazette*), a donné libre cours aux sentiments anglophobes qui prévalent dans la Cour royale. La question délicate était comment admettre un autre parent dans le Barreau, en excluant effectivement, en même temps, l'Anglais exécré. Inutile de dire qu'on a trouvé immédiatement un moyen de sortir du dilemne. Les Treize étant satisfaits, tout le monde dans l'île doit être satisfait, présume-t-on. Mais, quand bien même le restant de la population ne serait pas satisfaite, cela ne fait absolument rien, car à Guernesey, les Treize sont tout le monde, et les autres ne sont rien ! Il reste à savoir si un membre du barreau anglais pensera que cela vaille la peine d'éprouver la validité de l'ordonnance en en appelant aux autorités anglaises, et se basant sur des précédents, en insistant sur son droit de plaider, sans empêchement et sans obstacle, devant n'importe quelle Cour de Justice de Sa Majesté. Quant à nous, nous croyons que la nouvelle ordonnance est entièrement *ultra vires*, et nous attendons anxieusement le jour où quelque *barrister* anglais se présentera et réduira cette dernière mesquine manifestation de petitesse d'esprit officielle à aller on rejoindre d'autres dans le panier à papier. »

Quelque temps après se produisit un incident plus vif. Un toast fut porté à la Cour royale à un banquet donné par la « British Grower's Association ». M. Peel, répondant dans un journal de Guernesey à un compte rendu de ce banquet, prétendit que le toast avait été accueilli par un silence solennel, et il ajouta, dans une lettre rédigée en anglais et signée de lui :

« Comment, je vous le demande, des Anglais peuvent-ils se montrer enthousiastes envers un corps qui exécute si rigoureusement l'odieuse loi de la Milice [1] à l'égard des leurs, et qui les prive tous des privilèges politiques que depuis leur enfance on leur a enseigné de considérer comme les droits inaliénables de leur naissance ? »

M. Peel fut ajourné devant la Cour par une lettre personnelle du baillif :

Cour royale, Guernesey, 30 décembre 1896.

Monsieur, la Cour royale s'est assemblée aujourd'hui pour prendre en considération une lettre présentée comme signée par vous, qui a paru dans le journal *Mail et Telegraph* du 24 et également dans le *Star* de Guernesey du 26 courant.

Les observations contenues dans cette lettre au regard de la Cour royale sont considérées comme étant d'un caractère délibérément diffamatoire et insultant.

La Cour se réunira en conséquence lundi prochain, à midi, en vue de décider comment en cette matière doit s'exercer le pouvoir disciplinaire qui lui appartient sur ses officiers dont vous faites partie comme

[1] Loi soumettant les Anglais résidant à Guernesey au service de la milice.

avocat à la Cour, et je suis chargé par la Cour de vous inviter à vous présenter devant elle le jour ci-dessus mentionné.

La Cour m'a également chargé de vous informer qu'elle est disposée à prendre en considération toute explication ou autre exposé que vous m'adresseriez auparavant par écrit et qui nous paraîtrait de nature à exercer une influence favorable pour vous sur la décision à rendre dans l'affaire.

J'ai l'honneur d'être, Monsieur,
Votre obéissant serviteur
T. Godfrey Carey, baillif.

A M. Wyndham Y. Peel, esquire, avocat à la Cour royale.

La réponse ne se fit pas attendre. Elle était des plus brèves.

Hauteville-Guernesey, 1ᵉʳ janvier 1897.

Monsieur, je vous accuse réception de votre lettre du 30 décembre dernier.

Par courtoisie, je serai à ma place à la Cour lundi prochain.

Je me réserve le droit de publier cette correspondance.

J'ai l'honneur d'être, Monsieur,
Votre obéissant serviteur
Wyndham Y. Peel.
Barrister-at-Law.

A M. T. G. Carey, esquire, balliff de Guernesey.

« Après la lecture de ces lettres, dit le compte rendu des débats publiés par *le Bailliage*, M. le baillif observe que la partie incriminée de la lettre de M. Peel n'est pas celle qui parle du toast, mais celle qui commence par les mots : « Comment, « je vous le demande, etc. »

« Il demande à M. Peel s'il a quelque chose à dire sur l'affaire. M. Peel répond que non.

« M. le contrôle dit qu'il est évident que M. Peel a écrit des lettres insultantes envers la Cour royale, ce qui n'est pas pardonnable quand ces lettres sont l'œuvre d'un membre même de la Cour, car c'est une affaire extrêmement sérieuse. Comment la Cour peut-elle fonctionner, si du sein même de cette institution, on se retourne contre elle ?

« La lettre que lui avait adressée M. le baillif avait donné à M. Peel l'occasion de réparer un peu sa situation en faisant ses excuses ; mais M. Peel avait plutôt aggravé les circonstances par sa réponse.

« M. le contrôle donne ensuite lecture d'un extrait de rapport anglicé : *Royal Commissioners Report*, 1840, d'après lequel il paraît que la Cour a le choix, dans le cas où elle trouverait M. Peel coupable, entre ces trois alternatives :

« 1° Le réprimander, 2° le suspendre de ses fonctions pendant un temps qu'elle fixera selon les circonstances, 3° le priver et le démettre de ses droits d'avocat.

« M. le contrôle dit que son devoir pénible est de demander la suspension de M. Peel et il suggère de fixer le temps à quatre mois.

« M. le baillif prend alors la parole et dit que M. Peel a cherché à intervenir dans une cause qui ne le regardait pas, qui reposait sur la question du toast. De plus, au lieu de se borner à un simple point de fait, il s'est mis à attaquer la Cour.

« Quant à la loi sur la milice, elle a été approuvée et sanctionnée par les autorités anglaises ; par conséquent tout ceux qui décrient cette loi attaquent ces autorités.

« M. Peel dit que la Cour prive tous les Anglais venant à Guernesey de leurs droits inaliénables.

« C'est là une déclaration fausse et calomnieuse. Quand la Cour l'a chargé de prévenir M. Peel de la prise en considération, il avait eu l'espoir de voir M. Peel envoyer un « Apology » comme il était dû de la part d'un gentilhomme ; il ne l'a pas fait même aujourd'hui quand on lui en a donné l'occasion. Puis, faisant allusion à la lettre de M. Peel en réponse à la sienne, M. le baillif remarque qu'il ne s'agit pas de courtoisie ; mais du devoir de se présenter en Cour, à la requête d'un de ses officiers. L'expression de M. Peel constitue un manque de respect, de même que celle sur la publication de la correspondance.

« M. le baillif croit que les conclusions de M. le contrôle sont justes et modérées, et il les soumet aux jurés.

« M. Tardif partage les observations de M. le baillif et dit que, depuis l'existence de la Cour royale, aucun officier, membre de la Cour, ne l'avait insultée auparavant. M. Peel arrive dans l'île depuis peu de temps et aurait dû se comporter d'autant mieux. Il trouve que M. Peel, au lieu de répondre à M. le baillif par une lettre convenable, a aggravé son cas. Il aurait été d'avis de le démettre tout à fait de ses fonctions, mais donne sa voix pour les conclusions.

« M. Le Ray qui ne parle pas bien haut s'exprime à peu près de même.

« M. de Havilland dit que l'affaire est d'autant plus grave que M. Peel est membre de la Cour; il avait cru d'abord qu'il aurait suffi d'une punition montrant le pouvoir et le devoir de la Cour; mais, après avoir entendu la lettre à M. le baillif, il est pour les conclusions.

« M. le général de Vic Carey dit que M. Peel a oublié non seulement qu'il est membre de la

Cour royale, mais aussi qu'il est gentilhomme anglais, *an english gentleman*. Il vote pour les conclusions.

« M. Domaille dit qu'il attendait des excuses de la part de M. Peel ; son cas doit servir d'exemple aux autres. Il donne sa voix pour les conclusions qu'il trouve modérées.

« M. Mac Culloch dit que, selon son avis, la lettre de M. Peel aggrave les circonstances. Il admet les conclusions.

« M. Le Cocq, remarque que M. Peel a suivi une marche peu sage pour montrer son mécontentement de la loi sur la milice. Il trouve les conclusions modérées.

« M. Mainguy dit qu'à l'origine, c'est une affaire puérile ; mais l'importance dérive de ce que M. Peel est avocat. Il espère que les quatre mois lui profiteront.

« M. de Garis. Même avis.

« M. Brouard adopte les conclusions.

« M. Peel qui, pendant l'audition de l'affaire, avait occupé son siège habituel devant la Cour, à la requête de M. le baillif se présente à la barre, vêtu de sa robe de *barrister-at-law*.

« M. le baillif, s'exprimant alors en anglais, demande à M. Peel s'il a compris tout ce qui a été dit ; ayant reçu une réponse affirmative, il dit que, comme avocat, M. Peel devait du respect à la Cour. Il regrette que l'occasion de faire des excuses n'ait pas été saisie, car cela prouve que M. Peel avait l'intention de *persister* dans ses insultes. M. Peel a dû oublier qu'il est un *gentleman*.

« Lui-même avait été membre du barreau et voulait y cultiver le respect et la bienveillance. Comment cela est-il possible si un de ses membres l'insulte publiquement dans les journaux. Il regrette beaucoup d'avoir à commencer le nouvel an en prononçant une sentence pareille ; mais c'est l'opinion de la Cour et aussi la sienne que M. Peel soit suspendu de ses fonctions pendant l'espace de quatre mois. Il espère qu'à la fin de ces quatre mois, M. Peel reviendra doué de sentiments meilleurs et plus sages et qu'il fera alors honneur au barreau de Guernesey, comme il l'avait espéré et attendu de lui quand M. Peel a été assermenté comme avocat.

« M. Peel se retire et quitte la Cour. »

Cette affaire n'est pas le seul conflit qui ait éclaté entre la Cour royale de Guernesey et son barreau. Un avocat, M. de Mouilpied, qui est en même temps homme politique et journaliste, propriétaire du journal *le Bailliage*, et l'un des membres les plus actifs de la société royale d'agriculture et d'horticulture de Guernesey, avait été élu connétable de l'importante paroisse de Saint-Martin. Il fut obligé de se démettre, cette charge élective ayant été déclarée incompatible avec la profession d'avocat.

Quelques années auparavant, en 1889, le même avocat avait publié dans son journal le compte rendu d'une réunion des membres de la chambre de commerce. Des critiques y étaient dirigées contre le surintendant des travaux publics effectués à Guernesey pour le compte des États. Celui-ci, faisant preuve d'une extrême susceptibilité, poursuivit M. de Mouilpied pour l'avoir « atrocement calomnié, injurié et diffamé ». Le procureur de la Reine s'adjoignit à la poursuite, et la Cour, retenant l'affaire, « appointa la cause en preuves respectives, tant sur la fidélité du compte rendu que sur la vérité des faits allégués ».

Le 9 mars 1889, la cause fut plaidée. Les débats ne durèrent pas moins de sept heures. Suivant l'usage, les jurés-justiciers délibérèrent publiquement. Les cinq premiers opinèrent pour la condamnation. Mais les quatre suivants, déclarant qu'il n'y avait eu aucune malice de la part de M. de Mouilpied, qui avait seulement donné un fidèle compte rendu, sans commentaires, d'une assemblée publique dans laquelle la communauté avait un intérêt direct, se prononcèrent pour l'acquittement.

L'un des premiers jurés dit alors qu'après avoir entendu les remarques des quatre derniers messieurs, et sur une plus mûre considération, il retirait sa première décision et se rangeait à l'opinion de ces messieurs en donnant son verdict pour l'acquittement du défendeur.

Par suite de ce revirement, la Cour rendit, à une voix de majorité, un arrêt acquittant M. de Mouilpied et condamnant le poursuivant à silence envers lui et aux frais.

Quelques jours après, à l'audience du 16 mars 1889, un étrange incident se produisit. Le plaignant et le procureur de la Reine revinrent à la charge, contestant à celui des jurés-justiciers qui avait changé d'avis le droit de modifier son verdict; ils demandèrent à la Cour de condamner M. de Mouilpied, en constatant qu'il avait été déclaré coupable par la majorité des jurés présents.

Le débat sur cette requête fut public comme l'avait été la première délibération. Le juré pris à partie dit « que sa décision était parfaitement claire ; que les faibles traces de libelle qu'il avait cru voir dans cette affaire s'étaient dissipées quand il avait entendu les justes réflexions de ses confrères qui, à juste titre, n'avaient vu aucune malice dans le compte rendu en question ».

La majorité de la Cour se souleva contre la prétention du procureur de la Reine. Elle refusa de discuter cette question à aucun point de vue et même de statuer sur elle.

Au cours de cette poursuite dirigée avec tant de passion, M. de Mouilpied n'avait pas cessé d'exercer paisiblement sa profession d'avocat.

XIII

Les îles de Herm et de Jethou. — Occupation de l'île de Herm par le représentant d'une banque prussienne.

En face de Saint-Pierre Port, entre Guernesey et Sercq, se trouvent les îlots de Herm et de Jethou, Ils n'ont pas de population permanente, les habitants, lorsqu'il y en a, étant seulement les employés du propriétaire, occupés à cultiver la terre ou à travailler dans les carrières. Lorsque les ouvriers ont été nombreux à Herm — ce qui était le cas lors de l'exploitation en grand des carrières de granit — la Cour royale, sur la demande du propriétaire, a assermenté un connétable spécial pour y maintenir le bon ordre.

Herm et Jethou n'appartiennent à aucune des paroisses de Guernesey. Quoique faisant partie du bailliage et placés sous l'autorité du gouverneur, des États et de la Cour royale de Guernesey, leurs habitants n'ont jamais pris part ni aux délibérations des Etats, ni à l'élection des membres de ce corps : ils ne paient pas de taxes paroissiales et ils ne sont inscrits sur les listes électorales pour aucune des élections de Saint-Pierre Port. Cependant, en cas de besoin, les connétables de Saint-Pierre Port viennent exercer à Herm et à Jethou leurs fonctions de police. Ces deux îles ne renferment ni église, ni chapelle, ni cimetière ; lorsqu'il y survient un décès, le corps doit être transporté à Guernesey.

A l'époque où Jersey et Auregny faisaient partie du continent gaulois, Herm, Jethou et Sercq formaient avec Guernesey une grande île en vue des côtes. On remarque que les taupes et les crapauds, qui abondent à Jersey et à Auregny comme dans le département de la Manche, ne se rencontrent dans aucune des quatre îles de Guernesey, de Herm, de Jethou et de Sercq, débris actuels d'une vaste île unique où ces animaux sans doute n'on jamais existé. Le grand cataclysme, dont tant de traces matérielles existent encore, en séparant Jersey du continent, a creusé entre Guernesey et les îlots de Herm et de Jethou un canal large de trois milles appelé le petit Russel.

L'île de Herm, plus grande que Jethou, est située plus au nord. Elle a un mille et demi de long, trois quarts de mille de large et environ 150 acres seulement en culture quoique sa superficie totale soit de 320 acres. Ses baies sont renommées pour l'abondance de leurs coquillages. D'innombrables lapins qui y ont creusé dans le sol leurs terriers y pullulent. Cette petite île, sans aucune valeur militaire ou maritime, offre aujourd'hui un spectacle étrange.

Des Prussiens s'y sont établis. Ils y ont fait le vide, fermant toutes les maisons et rendant l'accès de l'île presque impossible aux visiteurs.

On s'est demandé quelle pouvait être la cause réelle de cette occupation.

Ancien séjour d'ermites de qui elle tire son nom, l'île de Herm appartenait lors de la Réforme à une communauté de Franciscains. Elle a été confisquée, et elle est devenue la propriété de la Couronne d'Angleterre. Il y existe un vaste manoir, avec bâtiments de ferme, serres et jardins. La Couronne d'Angleterre mettait jadis ce domaine, comme lieu de plaisance, à la disposition des gouverneurs de Guernesey.

Les revenus que la Couronne tire des Iles du canal balançant à peine les dépenses, on a songé à faire argent de tout : Herm a été loué par bail emphytéotique ; ce bail emphytéotique a été récemment racheté par des Allemands.

L'acquéreur est la Westbank, établie à Vierraden, en Silésie. Que peut avoir à faire une banque prussienne, dans une île où une étroite crique tient lieu de port et dont les possesseurs et les gens à leur service sont les seuls habitants ?

Les Guernesiais intrigués se posaient cette question lorsqu'ils ont vu arriver un grand personnage prussien, le prince de Blücher, de la famille du vainqueur de Waterloo. L'accueil empressé du gouverneur de Guernesey eût suffi à révéler l'importance du représentant de la Westbank. Il s'établit à Herm pendant quinze jours. Son passage fut suivi des mesures les plus extraordinaires.

L'île, jadis exploitée pacifiquement par les tenanciers de la Couronne, était le but de fréquentes excursions. Au nord et à l'est, trois baies dont le sable fin n'est composé que de débris écrasés de coquillages attiraient surtout les visiteurs. En été, un vapeur fait quatre fois par semaine la traversée de Guernesey à Herm en moins d'une demi-heure.

« Ces sables sont un curieux aspect pour l'observateur, dit Ansted, le savant auteur de *The Channel Islands*. Il aperçoit tantôt un immense espace solitaire où l'on remarque à peine un caillou ou la trace de quelque ver, un amas de myriades de parcelles de coquillages et de coquillages entiers ; tantôt, pendant les excursions de Guernesey, des groupes de femmes et d'enfants plaçant rapidement dans leurs sacs un grand choix de cauris et de lépas et triant dans la masse qui s'étend devant eux tout ce qui leur paraît être le plus beau ou avoir le plus de valeur. »

Ces promeneurs étaient bien inoffensifs.

A peine les représentants de la banque prussienne avaient-ils pris pied à Herm que l'aspect en a complètement changé. L'hôtel qui suivant l'usage guernésiais servait d'abri à de joyeux piquenique a été fermé. L'école vide d'enfants n'est plus qu'un bâtiment désert. Les moindres chemins ont été coupés par des barrières. L'accès de la plus fréquentée des trois baies de coquillages, située à l'est, est absolument interdit.

C'est là qu'à la séance des États de Guernesey du 1ᵉʳ décembre 1897, un juré-justicier a proposé d'établir une batterie de quatre pièces dans la direction de la France.

A chaque pas, des inscriptions rappellent qu'un arrêt de la Cour royale de Guernesey, en date du 16 mars 1889, a interdit, sous peine de trois livres tournois d'amende, « de traverser les jardins, courtils, enclos, jaonnières et autres terres de ladite île de Herm ».

16.

Le touriste qui aurait la malencontreuse idée d'amener avec lui un chien, si petit qu'il soit, ne pourrait même pas débarquer. Les règlements établis par le prince de Blücher le défendent.

Le duc de Saint-Albans, appartenant à la plus haute aristocratie anglaise, membre de la chambre des lords, se trouvant à bord de son yacht en vue de l'île de Herm, fit demander au prince par l'envoi de sa carte la permission de la visiter. Il essuya un refus : La règle est pour tout le monde, répondit le Prussien.

Les anciens Guernesiais affirment que les habitants de leur île ont des droits d'usage sur les varechs et les carrières de l'île de Herm. Les mesures prises par les possesseurs actuels constitueraient, disent-ils, un trouble injuste qui légitimerait une action judiciaire. Dans tous les pays du monde d'ailleurs les rivages, lais et relais de la mer ne sont pas susceptibles de propriété privée, l'accès ne peut en être interdit que par les autorités publiques. L'arrêt de la Cour royale de Guernesey n'autorise nullement à intercepter les routes et les chemins.

Lorsque le bail emphytéotique de la Westbank prendra fin, la Couronne d'Angleterre aurait un bien meilleur emploi à faire de ce domaine. Au grand regret des États et des Cours royales des îles, il n'y existe pas d'établissement pénitentiaire pour les jeunes détenus. Ces malheureux enfants sont envoyés au loin, dans les écoles réformatoires d'Angleterre.

Les bâtiments de Herm sont assez vastes pour renfermer une colonie de ce genre. La mer formant une barrière infranchissable, aucune évasion ne serait à craindre. Les enfants pourraient être utilement employés aux travaux des champs, à proximité de leur pays natal et de leurs familles, ayant sans cesse sous les yeux, comme une consolation et comme une promesse, le riant panorama de l'île de Guernesey où, devenus de bons ouvriers agricoles, ils pourraient un jour revenir et gagner honnêtement leur vie.

Les cultures de Herm seraient par eux étendues et développées sans grande peine. Rien n'est moralisateur comme la vie agricole. Herm, transformé en un second Mettray, serait un honneur pour l'Angleterre.

Cela vaudrait mieux que d'être, comme aujourd'hui, un nouveau et bizarre spécimen de la brutalité prussienne.

XIV

L'île d'Auregny. — La Cour et les États d'Auregny. — La douzaine d'Auregny. — Suprématie de la Cour royale de Guernesey. — Le port et les fortifications d'Auregny.

L'île d'Auregny, dont le gouvernement anglais a songé à faire un établissement militaire important, fait face au cap de la Hague, la plus avancée, des côtes de France. Elle a des forts qui on coûté, dit-on, des sommes considérables ; son port a coûté plus cher encore : les immenses jetées qui devaient le former ont été plusieurs fois enlevées par l'Océan que soulèvent, sur cette partie de la côte, les vents du nord-ouest. Elles ne forment dans leur état actuel qu'un abri très insuffisant.

Cet insuccès semble avoir porté malheur à l'île tout entière où tout végète — l'agriculture, comme le commerce — et où rien ne rappelle l'activité et l'esprit industrieux des Jersiais et des Guernesiais.

D'après une statistique établie en juin 1896, il n'y avait à Auregny que 123 vaches laitières tandis qu'il y en avait 2.982 à Guernesey ; mais il y avait à la même époque 320 génisses au-dessous de deux ans à Auregny et 2.280 à Guernesey. Ces derniers chiffres semblent indiquer que l'élevage des vaches laitières serait depuis peu en voie de progrès à Auregny.

L'île est placée sous la suprématie de Guernesey sans avoir part aux élections des jurés de la Cour royale ni à celles des députés des États.

Lorsque le Parlement anglais vote des lois applicables aux Iles du Canal, elles sont enregistrées par la Cour royale de Guernesey, puis transmises par elle aux autorités d'Auregny.

Les États de Guernesey ont voté à plusieurs reprises des lois applicables à Auregny. Cependant depuis que la loi de 1844 a accordé aux paroisses de Guernesey des députés nommés par les douzaines, comme l'île d'Auregny n'envoie pas de députés aux États de Guernesey, ceux-ci se sont abstenus d'exercer vis-à-vis d'Auregny le pouvoir législatif. Les lois n'émanent plus depuis lors que de la petite Cour royale d'Auregny, soit qu'elle siège en assemblée de Chefs-plaids, soit qu'elle se constitue sous le nom d'États d'Auregny.

Cette Cour se compose de six jurés-justiciers, sous la présidence d'un juge nommé par la Reine et assermenté devant la Cour royale de Guernesey. Ces six jurés-justiciers sont élus à vie par les contribuables de l'île. Lorsqu'il se produit une vacance parmi les jurés, le procureur de la Reine. en donne connaissance à la Cour d'Auregny qui fixe le jour de l'élection. Les contribuables sont prévenus par un placard apposé par le sergent de la Reine à la porte de l'église.

Au jour et à l'heure fixés, l'assemblée des électeurs, convoquée à son de cloche, se réunit en présence de la Cour. Le vote a lieu par appel nominal. Si les opérations électorales ne sont pas attaquées, le nouveau magistrat prête serment quelques jours après devant la Cour d'Auregny.

Cette Cour tient deux fois par an seulement, — à la Saint-Michel et à Noël, — des assemblées de Chefs-plaids.

Le juge et les six jurés-justiciers y ont seuls voix délibérative. Les officiers de la Couronne — le procureur et le contrôle de la Reine — le prévôt de l'île, et tous les membres de la douzaine d'Auregny, qui, comme à Guernesey, sont élus à vie par les contribuables, sont convoqués aux Chefs-plaids, mais ils n'ont que voix consultative et ne votent pas. Dans le préambule des ordonnances ils sont qualifiés : « Messieurs les douzeniers représentant le droit du public. »

La même assemblée prend le nom d'États d'Auregny pour voter soit une loi d'impôt, soit une loi ayant un caractère permanent. Les mêmes convocations sont adressées ; mais, aux États comme aux Chefs-plaids, le juge et les six jurés-justiciers ont seuls voix délibérative. En fait, le juge se borne à diriger les débats, il ne vote qu'en cas de partage. La réunion des États d'Auregny a lieu fort rarement, sans aucune périodicité.

L'officier qui représente à Auregny le gouverneur de Guernesey, a droit de séance aux États. Quand une loi est votée, non par les Chefs-plaids, mais par les États, elle doit être soumise à la sanction de la Reine.

La Cour d'Auregny se trouve avoir, presque sans contrepoids, une grande omnipotence législative. Il y a cependant un correctif. Toute partie intéressée peut déférer à la Cour royale de Guernesey les ordonnances et les lois votées par les jurés d'Auregny soit en assemblée de Chefs-plaids, soit en assemblée des États.

Lorsqu'une loi est votée par les États d'Auregny et lorsqu'elle est soumise à la sanction de la Reine, l'Ordre du Conseil est transmis d'abord à la Cour royale de Guernesey qui l'enregistre et et qui l'adresse à la Cour d'Auregny pour être enregistrée par elle à son tour. En 1840, les États d'Auregny votèrent une loi importante sur les successions, qui différait sur plusieurs points de la loi de Guernesey[1]. Ils obtinrent un Ordre du Conseil qui confirmait cette loi. Cet Ordre fut transmis directement par le gouverneur à la Cour d'Auregny et enregistré par elle, sans enregistrement préalable à Guernesey. Mais ce mode de transmission et d'enregistrement, portant atteinte aux prérogatives de la Cour royale de Guernesey, est resté un fait isolé qu'expliquent, sans le justifier, les conflits violents qui existaient alors entre le major-général Napier, gouverneur, et les autorités judiciaires de Guernesey. Il est en effet indispensable que la législation spéciale à Auregny soit portée à la connaissance de la Cour royale de Guernesey, juridiction d'appel pour les procès d'Auregny.

---

[1] Cette loi de succession en vigueur à Auregny accorde à l'aîné, outre divers avantages, « tous les portraits de famille et les pièces d'argenterie et autres objets donnés au père ou aux ancêtres par des corps publics ». L'article 26 interdit au père et à la mère de donner de leurs meubles à l'un de leurs enfants plus qu'à l'autre ; il leur permet d'ordonner que la part de leurs filles mariées soit placée en fidéicommis et qu'elles n'en touchent que le revenu tant qu'elles sont sous l'autorité de leurs maris.

L'île d'Auregny forme une paroisse unique — Sainte-Anne — administrée par une douzaine dont les membres sont élus à vie, comme à Guernesey.

L'élection des douzeniers a lieu avec les mêmes formalités que l'élection de six jurés-justiciers — en présence de la Cour, par voie d'appel nominal. Chaque année sont élus deux contribuables d'Auregny qui, après un an d'exercice comme députés et officiers du connétable, deviennent l'année suivante grands connétables en remplacement de ceux qui ont rempli cette mission. Il y a aussi un connétable spécial pour le port de Braye. Pour maintenir l'ordre dans l'île dont la population actuelle ne dépasse guère 1.500 âmes, ces connétables n'ont sous leurs ordres qu'un seul officier de police salarié, et ils suffisent ainsi à remplir leurs fonctions de police.

Ces douzeniers sont en principe nommés à vie ; cependant ils peuvent, paraît-il, être suspendus de leurs fonctions et même destitués par décision de la Cour d'Auregny, statuant à charge d'appel porté devant la Cour royale de Guernesey.

En 1893, un douzenier d'Auregny fut condamné par la Cour de Guernesey à un mois de prison comme complice d'un faux en écriture. La douzaine dont il faisait partie en référa à la Cour qui décida de statuer en assemblée de Chefs-

17

plaids. Cette décision fut annulée par la Cour royale de Guernesey, l'affaire étant de toute évidence du domaine de l'autorité judiciaire. La Cour d'Auregny décida que le douzenier devait être réinstallé dans ses fonctions, et la douzaine d'Auregny ayant interjeté appel, la Cour de Guernesey confirma ce jugement le 1er juin 1897.

Au cours de cette poursuite, qui n'avait pas duré moins de quatre ans et qui avait donné lieu à de nombreux incidents, il fut décidé par un Ordre de la Reine en Conseil que le juge d'Auregny avait, en sa qualité de président, soit de la Cour, soit des États, en cas de partage « un vote prépondérant qui déterminerait l'issue de la question en litige ».

Comme à Jersey et à Guernesey, les contribuables d'Auregny sont taxés par quartier pour les besoins publics et pour le soutien des pauvres. La douzaine nomme le procureur des pauvres et quatre collecteurs qui tiennent, avec l'assistance du procureur de la Reine et du curateur de l'église, des séances mensuelles. Chaque année, aux Chefs-plaids, le procureur des pauvres propose la taxe nécessaire pour subvenir à cette dépense. Auregny a une petite communauté catholique, sans doute des Irlandais; le service s'y fait en anglais.

La Cour royale d'Auregny, qui a des pouvoirs

législatifs si étendus, a au contraire une juridiction très limitée, surtout en matière criminelle.

Ses jurés, élus par le suffrage direct des contribuables, peuvent être destitués par la Cour royale de Guernesey.

Le juge qui est à la nomination de la Couronne est assisté de deux jurés pour juger en première instance les procès civils, sauf appel devant la Cour de Guernesey. Il instruit les procès criminels, également avec l'assistance de deux jurés. Pendant longtemps, la Cour d'Auregny n'avait aucune autre juridiction au criminel. Elle ne pouvait pas même juger les moindres délits, ni infliger aucun châtiment corporel, aucun emprisonnement, aucune amende. Toute cause entraînant l'une de ces peines devait être renvoyée devant la Cour royale de Guernesey.

Les travaux entrepris par le gouvernement britannique pour la construction d'un port et pour la fortification de l'île amenèrent à Auregny un grand nombre d'ouvriers qui s'y établirent. La population s'éleva à plus de 5.000 âmes. De là une recrudescence d'infractions qu'il devint impossible de faire juger à distance. La Cour d'Auregny fut investie du droit de rendre des jugements d'acquittement et de prononcer des peines ne dépassant pas un mois d'emprisonnement ou

5 livres sterling d'amende. Quand le prévenu a encouru une peine plus forte, il doit être renvoyé devant la Cour royale de Guernesey. En cas de désertion de marins étrangers, la Cour d'Auregny a les mêmes pouvoirs que celle de Guernesey.

Il existe à Auregny un procureur et un contrôle de la Reine ayant les mêmes attributions qu'à Guernesey. Ils exercent l'un et l'autre, en matière civile, la profession d'avocat. Les avocats de Guernesey viennent également plaider à Auregny.

Le prévôt d'Auregny, assisté de douze députés-prévôts, élus pour douze ans, mais ne faisant chacun par un roulement qu'un an de service, assure, ainsi qu'à Guernesey, l'arrestation et la garde des prisonniers et l'exécution de tous arrêts de justice. C'est le prévôt qui a mission de transférer les prévenus d'Auregny à Guernesey et de les présenter à la Cour. Il y a deux heures et demie de mer entre le port de Braye, à Auregny, et Saint-Pierre Port, à Guernesey.

Il y a une milice sérieusement organisée à Auregny : elle comprend tous les habitants, sujets de la Reine, de seize à soixante ans, mais à partir de quarante-cinq ans, les miliciens sont dispensés de tout service en temps de paix, sauf en vertu d'une ordonnance spéciale.

Les jeunes gens passent d'abord plusieurs années parmi les recrues. Ils sont exercés un jour par semaine pendant neuf mois de l'année, mais ils ne reçoivent pas d'habit militaire. A partir de dix-huit ans, ils peuvent être admis dans la milice s'ils sont reconnus capables. Les exercices des miliciens qui ont fait leur apprentissage comme recrues ne sont que de neuf jours par an en avril et mai. Aucun milicien ne peut être nommé officier sans son consentement.

Le principal service qui est demandé aux miliciens d'Auregny est celui des batteries dont sont hérissées les côtes de l'île, surtout en face de la France.

Un correspondant du *Figaro* écrivait le 15 octobre 1897 de Saint-Anne d'Auregny :

« J'écris précisément ces lignes d'une île, — de l'île d'Auregny (ou Alderney), que le plus grand homme de guerre de ce siècle, Napoléon Ier, appelait « le bouclier de l'Angleterre » et que les Anglais nomment tantôt « le Gibraltar de la Manche », tantôt *Ehrenbreitstein of the English Channel*. De ma chambre du « Scott's Hotel, » j'aperçois le fort Gros-Nez et le fort Albert qui défendent la rade protégée elle-même par un brise-lames de près d'un kilomètre de longueur. Toutes les hauteurs sont couronnées de forts ; les moindres plages abordables aux bateaux de pêche sont dominées par des escarpements et des batteries. Le château d'Etoc, le fort Tourgis, le fort Essex, etc., construits de 1840 à 1850, trahissent les préoccupations stratégiques des ingénieurs de cette époque.

« Quand la digue sera terminée, le mouillage comptera certainement parmi les meilleurs de l'Europe.

« Dès maintenant, même avec la rade actuelle, Auregny constitue un établissement militaire de la plus grande valeur. Le port peut recevoir des vaisseaux de premier rang; quant aux magasins d'approvisionnement et de matériel de guerre, ils permettraient de pourvoir aux besoins d'un corps de 50 à 60,000 hommes, chargé d'opérer contre Cherbourg. On voit de quelle mission nouvelle l'île d'Alderney, ainsi utilisée, se trouve désormais investie. Ce n'est plus un « bouclier », c'est une épée. De défensive, l'île devient une position stratégique offensive. La Manche se trouve *ipso facto* barrée par un triangle dont la base s'étend de Portsmouth à Plymouth et dont le port militaire d'Auregny forme le sommet. Les vigies placées sur les hauteurs de l'île discernent, par un temps clair, les falaises de Jobourg et le cap de La Hague. Les navires de guerre abrités dans la rade de Braye pourraient, à la faveur d'une nuit étoilée, gagner l'anse de Vauville, sur le littoral du Cotentin, et débarquer un corps d'armée sur la plage. Tel est le nouveau programme stratégique auquel les ingénieurs anglais semblent s'être ralliés. C'est d'Auregny que doit visiblement partir, en cas de guerre, le premier coup de main qui sera dirigé contre Cherbourg. »

XV

L'île de Sercq, ancien repaire de pirates. — Origine des pouvoirs du seigneur de Sercq. — Les quarante tenanciers. — Indivisibilité de leurs domaines. — Les Chefsplaids. — Droit de recours à la Cour royale de Guernesey.

En face de Guernesey se dresse l'île de Sercq, l'une des plus curieuses et des plus attachantes de toutes les Iles Normandes. Les cataclysmes de 709 et de 842 avaient détaché de Guernesey cette île restée presque déserte. Un double bras de mer, le petit et le grand Russel, s'était formé entre Sercq et Guernesey. Des écumeurs de mer avaient fait de Sercq leur domaine. Des grottes immenses, inaccessibles à marée haute, — les cavernes du Gouliot — leur servaient de magasins. En face, séparée par un étroit canal, l'île de Brecqhou, appelée encore aujourd'hui île des Marchands, était le seul lieu où ils permissent d'aborder pour leurs trafics avec des commerçants peu scrupuleux. Ils répandaient au loin la terreur, comme l'atteste un passage souvent cité de Rabelais. Panurge dit à Pantagruel (liv. IV ch. LXVI) : « J'ai veu des isles de Cerq et Herm entre Bretagne et Angleterre... Isle de forbants, des larrons, des brigands, des meurtriers et assassineurs ; touts extraits du propre original des basses fosses de la Conciergerie. N'y descendons poinct, je vous en prie... Ils sont, par la mort bœuf de bois, pires que les Canibales. Ils nous mangeroient tout vifs. N'y descendez pas, de grâce. Mieulx vous seroit en Averne descendre.., Tirons vie de long. Hu ! Plus oultre !. »

Au XVIe siècle Hélier de Carteret, descendant d'un des compagnons de Guillaume le Conquérant, et seigneur de Saint-Ouen à Jersey, offrit d'y établir quarante de ses vassaux auxquels seraient constitués des domaines parmi les terres cultivables de l'île, le reste de ces terres devant appartenir au seigneur en pleine propriété. La grande bienfaitrice des îles, la reine Élisabeth, lui donna Sercq en fief à cette condition.

Comme l'avait prévu la Reine, Hélier de Carteret expulsa les pirates. Il prit possession de Sercq avec ses quarante tenanciers dont les quarante domaines, légalement indivisibles, transmissibles par vente ou par succession sans que sous aucun prétexte ils puissent être partagés, sont encore aujourd'hui possédés par leurs ayants cause. Le régime établi par Hélier de Carteret est toujours en vigueur. Le droit d'aînesse le plus absolu règne dans l'île. Les cadets n'ont aucune part dans l'immeuble patrimonial ; ils travaillent comme journaliers, ou le plus souvent, suivant l'expression d'un habitant de Sercq, ils vont au dehors chercher leur vie comme les oiseaux du ciel.

En cas de décès d'un des quarante tenanciers sans héritiers, le seigneur entre en possession de ses biens ; le cas s'est présenté il y a une dizaine d'années

Vingt domaines de petits tenanciers ont été créés depuis aux mêmes conditions ; mais ces vingt petits tenanciers n'ont aucun des droits politiques, exclusivement réservés aux quarante tenanciers primitifs.

Ceux-ci se réunissent trois fois par an en assemblée de Chefs-plaids, sous la présidence du sénéchal, nommé à vie par le seigneur, qui assiste à ces séances ou s'y fait représenter par un député. Le prévôt de Sercq, nommé à vie par le seigneur, y assiste également.

Les quarante tenanciers ont seuls droit de vote, mais leurs décisions sont soumises à la sanction du seigneur. En cas de refus de sanction, le conflit peut être déféré par la majorité des tenanciers à la Cour royale de Guernesey.

Ces Chefs-plaids forment l'unique pouvoir législatif de l'île. Ils votent les taxes paroissiales calculées, comme à Jersey, par quartier de 500 francs. L'église et les écoles ont des revenus particuliers ; elles ne sont pas à la charge de ces taxes.

Aux Chefs-plaids du 2 octobre 1889, tenus en présence du seigneur sous la présidence du sénéchal, les taxes de Sercq ont été réduites DE MOITIÉ, de 1 shelling à 6 deniers par quartier. Les Chefs-plaids ont été déterminés à cette réduction par l'existence entre les mains du connétable d'une encaisse métallique de 90 livres sterling, dépassant tous les besoins prévus et à prévoir : Depuis, il a fallu de nouveau élever la taxe à 10 deniers par quartier.

Cette même assemblée de Chefs-plaids nomme chaque année un connétable et un vingtenier. Le connétable perçoit les impôts votés par l'assemblée avec l'aide d'un receveur de l'impôt et de plusieurs collecteurs. Une tradition très respectée dans l'île est qu'il n'est jamais délivré de quittance d'impôt : l'inscription sur le registre du connétable suffit. Jamais il ne se produit aucune difficulté.

En cas de désaccord sur le chiffre des impôts, les contribuables peuvent recourir à la Cour royale de Guernesey.

Les Chefs-plaids fixent aussi le nombre de jours de corvée dus par les habitants de Sercq pour l'entretien des chemins.

Au produit de la taxe se joint un droit de port de 2 deniers (10 centimes par tonneau). Encore, pour encourager la navigation pendant la mauvaise saison et maintenir les communications entre Sercq et Guernesey, ce droit est-il supprimé pendant l'hiver.

Les vins et liqueurs consommés à Sercq viennent de Guernesey où ils ont payé les droits d'entrée. Aussi les États de Guernesey paient-ils à l'île de Sercq une part de ces droits dans la proportion du chiffre de la population des deux îles. Cette part a été fixée à un soixantième des droits perçus à l'entrée de Guernesey.

Avec ces différentes ressources, le petit gouvernement de Sercq équilibre son budget et réduit ses impôts. Il fait même des économies, car les comptes présentés chaque année aux Chefs-plaids par le receveur de l'impôt, les collecteurs, le vingtenier et le connétable constatent toujours l'existence d'un solde respectable.

Pendant la mauvaise saison les communications

entre Sercq et Guernesey sont difficiles : elles sont quelquefois tout à fait interrompues par de violentes tempêtes.

Les habitants de Sercq, bien que ne formant pas une nombreuse communauté, sont naturellement très désireux d'être placés en communication télégraphique avec le monde extérieur. Le fond de la mer entre la petite île et sa grande voisine, Guernesey, est très rocheux et rocailleux. Un câble sous-marin serait difficile à maintenir en état, et son maintien exigerait une dépense considérable. De là l'idée de se servir de la télégraphie aérienne sans fils.

Des expériences ont été faites ; on espère qu'elles auront un bon résultat. Cette nouvelle conquête de la science aurait pour théâtre le bras de mer qui sépare deux des îles de l'archipel normand.

La justice est rendue à Sercq par un sénéchal nommé par le seigneur. Ce sénéchal siège comme juge unique. En cas d'empêchement il est remplacé par un député sénéchal, également à la nomination du seigneur.

Il juge en première instance tous les procès civils, sauf appel devant la Cour royale de Guernesey. Il peut prononcer des amendes jusqu'à trois livres tournois et un emprisonnement ne dépassant pas trois jours. Quand, le cas est plus grave, l'affaire est renvoyée devant la Cour royale de Guernesey.

Le seigneur doit choisir parmi les habitants de l'île un prévôt qui assure l'exécution des jugements du sénéchal et, s'il y a lieu, ceux des arrêts de la Cour de Guernesey qui doivent être exécutés dans l'île. Il existe à Sercq une geôle servant de prison.

Le seigneur de Sercq a d'autres privilèges. Quelques-uns sont tombés en désuétude.

L'île est des plus pittoresques. Les touristes y abondent : leur affluence fait la fortune des habitants.

Le 11 mai 1889, un groupe de voyageurs s'était assis sur l'herbe, sans causer aucun dommage, dans une propriété privée, à proximité des célèbres cavernes du Gouliot. Le propriétaire survint et fit appel au connétable. Une altercation assez vive se produisit : les touristes se virent menacés d'arrestation.

Le seigneur de Sercq s'interposa, se portant caution des amendes encourues. Elles s'élevèrent à une livre tournois — un peu moins de 2 francs.

Mais le seigneur, se préoccupant du tort que pouvaient causer à l'île de pareilles scènes, étudia la situation des parties et s'enquit de l'étendue de ses droits.

Le prétendu propriétaire était un Jersiais, simple locataire à Sercq. Or des lettres patentes de Jacques Ier ne permettent « à aucun étranger, né hors de ladite île de Sercq, de demeurer, habiter, rester, continuer ou faire long séjour dans ladite île de Sercq, à moins que tous et tels étrangers, toutes fois et quantes que requis en sera fait par telles personnes qui à cet effet seront par nous autorisées et appointées, prêtent le serment d'allégeance à nous, nos hoirs et successeurs, ou bien qu'ils aient obtenu ou procuré pour cet effet, dans le terme de six semaines, le congé et consentement du seigneur de ladite île de Sercq pour le temps d'alors ».

En outre, un statut de la reine Anne donne au seigneur le droit de renvoyer de l'île dans les quarante-huit heures toute personne dont la conduite nuit à ses voisins et à la communauté entière.

Le seigneur de Sercq a usé de ce droit en prenant un arrêté d'expulsion contre ce locataire trop susceptible. Il lui a donné, pour quitter Sercq, un délai de six semaines.

« Pour l'amour du ciel, dit le vaillant journal guernesiais, *le Bailliage*, toujours sur la brèche pour combattre les abus, qu'on nous épargne de pareilles scènes. Nous sommes fiers de notre origine normande et de notre liberté insulaire, mais nous protestons contre tout appel à des ordonnances vieilles et antiques qui sont destinées à l'avance au ridicule du monde... Nous respectons beaucoup le seigneur de Sercq, mais nous croyons réellement qu'il eût mieux valu laisser dormir en paix dans son repos séculaire le vieux squelette sercquois du temps de la bonne reine Anne. »

Le seigneur de Sercq n'a pas tardé à rapporter son ordonnance.

Là encore, l'opinion publique a eu le dernier mot, corrigeant les archaïsmes d'une législation qu'il est bien facile d'améliorer, puisque ces améliorations dépendent des pouvoirs locaux représentant réellement tous les intérêts du pays.

Il ne faut pas croire d'ailleurs que le seigneur de Sercq y jouisse d'une omnipotence sans contrôle.

Il s'était, il y a quelques années, laissé entraîner à des violences dans un conflit avec les habitants. Il fut traduit devant la Cour de police de Guernesey et bel et bien condamné par elle.

L'indivisibilité des domaines de Sercq choque

nos idées. Dans notre orgueilleuse prétention à la supériorité, nous serions enclins à dédaigner ces vestiges d'institutions anciennes.

M. François Escard, qui a écrit sur Jersey des études si instructives et si attachantes [1], cherchant dans le passé les meilleures solutions de la question sociale, appliquait aux institutions de deux îles françaises — Hœdic et Houat — ce mot toujours vrai de M. de Bonald : « Une institution n'est pas bonne parce qu'elle est ancienne, mais elle est ancienne lorsque et parce qu'elle est bonne [2]. » Si elle reçoit la consécration du temps, c'est en effet qu'elle répond à des nécessités locales, et ces nécessités en expliquent les apparentes anomalies.

Il en est ainsi à Sercq.

Nous avons sous les yeux, sur notre propre territoire, des exemples qui justifient les règles, en apparence excessives, de la législation de Sercq.

A Ouessant et à Molènes, chaque famille a l'habitude, au décès des parents, de se partager indéfiniment les moindres parcelles de terre.

---

[1] Un Pays d'États de langue française à la fin du XIXᵉ siècle. Jersey et ses institutions. — Monographie d'un fermier normand de Jersey.

[2] Paroisses et communes autonomes. — Hœdic et Houat.

Dans l'île de Molènes dont la superficie ne dépasse pas cent hectares, le morcellement est tel que la culture y devient impossible. Beaucoup de parcelles contiennent à peine une douzaine de plants de pommes de terre.

« Il faut avoir vu Molènes à cette époque de l'année, écrivait un témoin oculaire en juin 1889, pour se rendre un compte exact de ce morcellement poussé à l'extrême. De loin toute la surface cultivée ressemble à un échiquier, tantôt vert clair, tantôt vert foncé, selon qu'on a semé de l'orge ou des pommes de terre, les deux seules cultures de l'île. »

Plus sages et plus prudents, les habitants de Sercq comprennent que l'occupation de l'île par des étrangers, le morcellement des terres, entraîneraient leur ruine et les obligeraient à s'expatrier. Ils sont attachés à leur île aux côtes escarpées, aux baies si pittoresques, aux rochers battus de toutes parts par les flots de l'Océan. Ils ne se soulèvent pas contre leur destinée, aimant le seigneur quand il est bienfaisant et remplissant envers lui leurs devoirs sans murmurer. Ils supportent leur rude existence parce qu'elle est la garantie de la conservation de leurs foyers. Leurs maisons sont propres et riantes, entourées de jardins remplis de fleurs dès les premiers jours du printemps et où poussent en pleine terre d'immenses camélias. Tout y respire la paix et l'aisance : on chercherait en vain parmi eux trace de misère ou de révolte.

XVI

Caractère général des institutions des Iles Normandes. — Sagesse de leurs habitants. — Leur amour de la paix. — Charte de la reine Élisabeth.

Ce qui est un modèle dans les institutions variées des Iles de l'Archipel normand, c'est l'ordre, la simplicité, l'économie produisant dans les situations les plus dissemblables la paix et le bien-être. Il n'y a pas d'analogie entre l'armateur jersiais et le tenancier de l'île de Sercq, entre le commerçant de Saint-Hélier et le cultivateur patient qui a couvert le sol de Guernesey des serres dont les produits merveilleux ont décuplé en quelques années. Cependant c'est le même principe qui répand partout ses bienfaits : un pouvoir sorti des entrailles de la nation, gouvernant pour elle, ne se préoccupant que du bien public, des institutions ne laissant de place qu'à une seule ambition — celle de faire mieux et de pousser plus loin le dévouement à la patrie.

Ainsi compris, le régime des Iles Normandes renferme, même pour les grands États, d'utiles exemples à suivre.

Le cataclysme qui a détaché ces îles de l'ancien continent gaulois, qui les a divisées et subdivisées entre elles, semble les avoir protégées par une barrière infranchissable contre les conceptions les plus funestes de l'esprit révolutionnaire. Pendant que le connétable de Saint-Hélier, M. Baudains, qui défend à Jersey avec tant de fermeté la langue française, symbole de l'autonomie de l'île, m'expliquait le fonctionnement si simple de la liste du Rat de sa paroisse, base de tous les droits politiques, je ne pus m'empêcher de faire un retour sur nos divisions ardentes et sur notre manie d'égalité absolue qui donne, le jour du scrutin, la même part d'influence au vagabond sans feu ni lieu et au plus éminent serviteur du pays.

— « C'est par là que vous périssez, » me dit, avec l'accent d'une sympathie profonde, mon interlocuteur.

Les habitants de l'archipel normand sont avant tout des pacifiques. Sans avoir la prétention d'exercer une influence dans les conflits entre les nations, ils suivent avec intérêt les événements de l'histoire du monde, et ils sont les adversaires résolus de tous ceux qui leur paraissent menacer la paix.

Celui qui a la bonne fortune de recevoir leur hospitalité, à la fois si simple et si cordiale[1], et de pénétrer peu à peu dans leur intimité, est frappé des jugements toujours pleins de sagesse qu'ils portent sur la politique contemporaine. Ils ont une antipathie particulière pour le militarisme prussien, ils condamnent l'Angleterre elle-même quand elle viole le droit et quand, pour étendre sa puissance, elle manque à la parole donnée ou se montre inhumaine vis-à-vis des populations de toute race comprises dans son immense empire. Ils ont blâmé vivement l'occupation de l'Égypte ; ils blâment non moins vivement ses procédés de gouvernement dans les Indes et en Irlande.

Tout récemment, le 14 août 1897, on pouvait lire dans le *Bailliage* :

« Ce n'est pas sans quelque raison que l'indigène, soumis à un joug étranger, blessé dans tous ses instincts par une civilisation exotique, assujetti à une infinité de prescriptions et de gênes minutieuses qui lui pèsent lourdement, demande avec une naïve confiance à ses maîtres

---

[1] Un visiteur américain, venu pour étudier l'agriculture et l'élève du bétail aux Iles Normandes, écrivait récemment : « J'ai été traité royalement. Je m'étais présenté à la ferme comme un étranger, mais je me suis bientôt senti chez moi comme si j'avais toujours connu le propriétaire. »

de lui donner, en échange de tant d'ennuis, la sécurité contre le retour des fléaux dont l'origine peut bien être naturelle, mais dont les ravages ne peuvent s'étendre que grâce à l'insouciance ou à l'impuissance des autorités. Le paysan, qui ne comprend pas *a priori* l'avantage qu'il y a pour un simple asiatique à faire partie, même à titre de citoyen ou de sujet de seconde classe, du plus grand empire du monde et qui n'a pas de sympathie préétablie pour les merveilles de l'industrie ou du génie moderne, pour ces lignes ferrées ou ces canaux qui lui rendent moins familier ou moins plaisant l'aspect de son sol natal, et qui vont parfois détruisant des sanctuaires chers à son cœur ; le paysan voudrait du moins que ce Moloch de la civilisation occidentale, en lui imposant tant de sacrifices, lui apportât en échange la paix, la certitude de vivre et l'humble degré de bien-être dont se contente un Hindou.

« Nous avons raconté les incidents de Poonah — les excès brutaux de la soldatesque employée à cette œuvre délicate d'hygiène au mépris des instincts religieux et rituels les plus profonds de la population — les outrages commis contre la pudeur des femmes, — la lourde maladresse d'officiers bien intentionnés, mais ne voyant dans les protestations des victimes et de la presse que des caprices d'enfants ignorants ou des crimes de haute trahison.

« On sait à quoi cela aboutit. Le sang a coulé. Deux fonctionnaires ont payé de leur vie des fautes qui n'étaient point toutes à leur charge. Si la leçon avait été prise à cœur, le mal aurait été facile à réparer. Par malheur, c'est dans une autre voie que l'on s'engage. On va droit à la réaction.

« Des fouilles, des saisies, des arrestations ont été opérées. Deux frères, les chefs de la famille la plus en crédit et la plus riche de la ville, sont en prison. Un personnage qui a été honoré d'un mandat de conseiller indigène vient d'être jeté au cachot pour les polémiques d'un journal. A Bombay se prépare un grand procès, un procès d'État monstre. La presse indigène, en attendant qu'on lui forge et qu'on lui rive à nouveau les fers que M. Gladstone lui avait courageusement enlevés, il y a quelques années à peine, par l'abrogation d'un Act oppressif, va avoir à subir d'ores et déjà l'assaut du pouvoir judiciaire, armé de la raison d'Etat et des nécessités du salut public.

« Tout cela n'est que trop vrai. Vrai aussi que l'Angleterre ne peut plaisanter sur la sûreté de sa domination aux Indes, qu'elle se doit à tout prix de la consolider et de rétablir l'ordre, non seulement dans la rue, mais dans les esprits.

« Toute la question est de savoir si elle s'y prend bien, si elle a choisi la bonne voie, si elle ne sert pas malgré elle les pires ennemis de son empire, si le moment est bien pris, alors que l'islam relève la tête et que les récents incidents de frontière trahissent la fermentation de l'hindouïsme, et si lord Georges Hamilton et lord Elgin ne resteront pas dans l'histoire avec le triste renom d'hommes pavés de bonnes intentions, mais qui n'ont su, en l'année du jubilé de l'impératrice-reine, que préparer une reprise, sans doute revue, corrigée et considérablement augmentée, de cette sanglante tragédie, la révolte des cipayes. »

A propos de la visite du duc et de la duchesse d'York en Irlande, le même journal disait le 28 août 1897 :

« On ne verra pas dans le cortège du duc et de la duchesse d'York les représentants élus du peuple, députés à la Chambre des communes, membres des conseils municipaux ou des autres corps électifs. Ce n'est pas que l'Irlandais ne sache pas faire la distinction qui, sous le régime parlementaire, s'impose entre la dynastie et le gouvernement, entre la Couronne et le ministère, entre la Reine et le cabinet.

18

« Bien au contraire. Le Celte impulsif, passionné, loyaliste de tempérament, facilement conquis par les qualités personnelles, voué d'avance dans tous les pays du monde, depuis les highlands d'Ecosse sous les derniers Stuarts jusqu'aux Bretons de Jean Chouan et de Georges Cadoudal sous la Révolution, au culte de la légitimité proscrite et vaincue, — le Celte serait un merveilleux défenseur du trône, si le trône en Angleterre n'avait semblé prendre à tâche de repousser son dévouement, de refouler ses élans, de le rejeter dans l'opposition intransigeante.

« Encore une fois, nous ne parlerons pas ici de la politique proprement dite de l'Angleterre à l'égard de l'Irlande. On sait quel formidable compte est ouvert depuis l'union. On sait ce qu'ont été ce régime d'exception, ces actes de coercition presque aussi nombreux que les années, cette mise de toutes les forces de l'État au service de la garnison anglo-saxonne, du propriétaire ou landlord anglais et de l'Église anglicane. On n'a pas oublié la famine, résultat inévitable d'un demi-siècle d'exploitation et d'oppression, et le scandale des évictions sévissant au pire moment de cette effroyable calamité.

« Eh bien ! tout cela, le peuple irlandais, qui s'en souvient, qui est résolu à en demander compte à qui de droit, ne songe nullement à le mettre à la charge de la royauté. Il était tout prêt à entourer de son amour la jeune Reine montée sur le trône à dix-sept ans. Il avait des trésors de loyalisme à sa disposition.

« Si seulement la Reine avait daigné mettre le pied sur le sol de cette île, si elle avait consenti à s'y choisir un séjour comme ce Balmoral perdu dans les highlands d'Ecosse, si les habitudes nomades du prince de Galles l'avait conduit parfois à Dublin, à Killarney ou à Belfast, si quelque membre de la famille royale avait pris à cœur de jouer en Irlande le rôle de tel archiduc nationalisé magyar en Hongrie, il n'y aurait pas de plus zélés champions de la dynastie qu'en Irlande.

« On n'a tenu nul compte de ce peuple. On l'a simplement omis. Il a été comme n'étant pas. C'est là une faute lentement accomplie qui ne se répare pas en un instant. »

La sympathie des Guernesiais pour la cause irlandaise est réciproque. Beaucoup d'Irlandais viennent chercher aux îles du travail et du pain : ils y forment la partie la plus considérable de la population catholique.

Il y a quelques années, une délégation irlandaise est venue étudier sur place la constitution du Home Rule dans l'archipel normand. Là serait en effet la solution merveilleuse du plus redoutable problème qu'ait à résoudre l'Angleterre. Avec le Home Rule des Iles Normandes, l'Irlande redeviendrait heureuse et prospère, et le gouvernement britannique ne serait pas sans cesse aux prises avec les questions irritantes qui portent une atteinte si profonde à la paix publique et qui compromettent le bon renom de l'Angleterre parmi les nations civilisées.

Quelle gloire acquerrait l'homme d'Etat qui résoudrait ainsi pacifiquement les difficultés en face desquelles s'est évanoui le pseudo-libéralisme de M. Gladstone !

Ces insulaires si loyaux et si indépendants ont à cœur de conserver leur antique renom de généreuse hospitalité.

Le général Boulanger vaincu a trouvé refuge à Jersey. Mais à l'époque de sa popularité, alors que son succès paraissait assuré, il n'était nulle part jugé plus sévèrement que par les Jersiais et les Guernesiais. Ils étaient convaincus que son avènement au pouvoir serait suivi d'une guerre européenne : ce qu'ils redoutent par-dessus tout.

Ils sont bien les descendants des anciens Normands à qui était jadis octroyé un admirable privilège confirmé par une charte de la reine Élisabeth, « privilège, dit cette charte, usité et constamment observé dans les îles de temps immémorial ».

— « En temps de guerre, les marchands de toute nation, soit étrangers, nés dans ou hors desdites îles, soit amis ou ennemis, peuvent librement, légalement, sans danger ou punition, fréquenter lesdites îles et places maritimes, avec leurs navires, marchandises et effets, aussi bien pour éviter les tempêtes que pour y conclure ou finir leurs affaires légitimes, y venir, s'y rendre, aller et venir, et les fréquenter, et là exercer leur libre commerce, négoce et trafic, et après, sûrement et sans danger, y rester et en sortir, et y retourner, lorsqu'ils le jugent à propos, sans aucun mal, molestation ou hostilité quelconque dans leurs biens, marchandises ou personnes ; et ceci, non seulement dans lesdites îles et places maritimes, et tout autour d'icelles, mais aussi à tel espace et distance desdites îles, comme la vue de l'homme peut aller, où la vue de l'homme peut atteindre. »

Confirmant cette prérogative de son autorité souveraine, maintenant ainsi à perte de vue autour des Iles Normandes la paix, la liberté, la sécurité du commerce, alors même que le reste de l'Océan serait désolé par les horreurs de la guerre, la Reine ordonnait la publication de son édit dans toutes les parties de son royaume d'Angleterre et dans tous les dominions sous son obéissance. Pour le marin menacé par la poursuite des croiseurs anglais, la vue la plus lointaine des îles devait être le salut. La charte concluait : « Que si aucun de nos officiers ou sujets sont assez téméraires de présumer de transgresser ces stricts ordres et commandements, nous ordonnons et décrétons, autant qu'en nous est, qu'il sera sévèrement puni pour son audacieux mépris de notre pouvoir royal et désobéissance à nos lois, et sera forcé de faire ample restitution et satisfaction, intérêts et dépens, et poursuivi suivant les formes de la loi. »

Dans le trésor des chartes de Jersey et de Guernesey, il n'en est pas de plus belle. *Autant qu'en nous est*, disait la reine Élisabeth. Les passions déchaînées l'ont souvent emporté sur sa volonté royale, et le privilège des Iles du Canal n'a pas toujours été respecté. — Le serait-il mieux à l'avenir ? — Quoi qu'il en soit, ces franchises sont une des gloires les plus pures de ces terres où règnent, autant que la puissance du droit peut l'assurer, la paix et la liberté.

AUTEURS ET DOCUMENTS CITÉS

OU CONSULTÉS

A

Ansted (David Thomas) and Gordon (Robert). The Channel Islands. Latham, Londres, 1862.

B

Berry (William). Le gouvernement de Guernesey. Londres, 1862.
Billets d'État de Guernesey.
Black. The Isle of Man. Edimbourg, 1887.
Boland (Henri). Les institutions de langue française à Guernesey (*Revue internationale*. Florence, 1885).
— Les Iles de la Manche, mœurs et paysages (*Le Tour du Monde*, 1893).
— Iles Anglaises de la Manche (*Guide Joanne*, nouvelle édition, 1896).
Budget des États de l'île de Jersey.

C

Caillemer. Le droit civil dans les provinces anglo-normandes au XII° siècle. Caën, 1884.
Carey (Laurent) Essai sur les institutions lois et coutumes de l'île de Guernesey, publié par l'ordre de la Cour royale de Guernesey.

Constitution des États de Guernesey, 1844.
CUMMING (Rev. J.-G.). The Isle of Man.

D

DESMOULINS (Auguste). Guide du voyageur à Jersey. Jersey, 1875.

Droits et services féodaux et seigneuriaux (Correspondance et pétition au sujet de la loi abolissant les). Jersey, 1886.

DUNOP (baron de). Médailles gallo-gaëliques de l'île de Jersey. Hanovre, 1838.

DUPONT (Gustave). Histoire du Cotentin et de ses îles, 4 vol.

E

ESCARD (François). Un pays d'États de langue française à la fin du XIX° siècle. Jersey et ses institutions, 1896.
— Monographie d'un fermier normand de Jersey (Étude encore inédite qui paraîtra prochainement dans la collection des *Ouvriers des Deux Mondes*).
— Paroisses et communes autonomes. Hœdie et Houat.
• Solutions anciennes de la question sociale.

F

FALLE. Account of the isle of Jersey, 1693, 2° édition, 1837.
FISHER (capitaine). Guide sur Jersey. 1821.

G

GIFFARD'S guide to the island of Jersey. Jersey, 1838.
GOBLET D'ALVIELLA (Comte). Huit jours dans l'archipel anglo-normand (*Revue de Belgique*, septembre 1894).
GOSSET'S Jersey guide, 1861.

H

HALL CAIN. The Manxman.
HAVET (Julien). Gardiens et seigneurs des îles normandes. Paris, 1876.

Havet (Julien). Les Cours royales des Iles Normandes.
Hettier (Charles). Relations de la Normandie avec les îles de la Manche pendant l'émigration (Caën, 1885).
Hippeau. Le gouvernement de Normandie.
Hugo (Victor). Les Chatiments. 1re édition. in.-24. Saint-Hélier.

I

Inglis. Channel Islands, 1830.

L

La Croix (de). La ville de Saint-Hélier. Jersey, 1845.
— Jersey, ses antiquités, ses institutions, son histoire. Jersey, 1859, 3 vol.
Le Cerf (Théod.). L'Archipel des Iles Normandes. Paris, 1859.
Lee (G.-E.), recteur de Saint-Pierre Port. Discipline ecclésiastique des iles de la Manche. Guernesey, 1885.
Le Geyt. Constitution, lois et usages de Jersey. manuscrits publiés en 1846, 4 vol.
Le Gros (Abraham-Jones). Constitution de Jersey.
Le Héricher. Jersey monumental et historique. Saint-Hélier, Ahier et Perrot, 1862.
— Bibliographie jersiaise. Avranches, Jules Durand, 1886.
Lelièvre. La réforme dans les îles de la Manche, 1885.
Lequesne. Constitutional History of Jersey.
Lerouge. Histoire de Jersey et Guernesey. Paris, 1737.
Leroux (Pierre). La grève de Samarez, 1863, 2 vol.
Linwood Pitts (J.). The Story in brief of the Guille Allès Library.
— Witchraft and Devil Lore in the Channel Islands. Guernesey, 1880.
— Patois Poems of the Channel Islands.
— Guernesey and its Bailiwick a Guid and a Gossip, 1889.
Liste du Rât de Saint-Hélier.
Lois et règlements passés par les États de Jersey. Imprimé pour les États. 3 vol.

M

Marshall (William-W). The Constitutional position of the Channel Islands in the British Empire. Guernesey, 1890.

Méril (Edelestand du). La vie et les ouvrages de Woce. Paris, Franck, 1862.

O

Ordonnances de la Cour royale de Guernesey (Recueil d').
Ordonnance sur la milice royale de l'île d'Auregny. (Guernesey, 1880-1881).
Ordres en conseil d'un intérêt général (Recueil d'). Guernesey.
Ordre de la Reine en Conseil concernant les honoraires du bailli de Jersey.
Ordre en Conseil sur l'administration de la prison à Jersey, 1894.
Ouless. Album des Ecrehous. Londres, 1881.

P

Payne (B.). An armorial of Jersey, 1859.
Pégot et Ogier. Histoire des îles de la Manche. Paris, 1881.
Petit et Ropartz. Album de l'île de Jersey, Guernesey et côtes de la Manche. Nantes, 1876.
Plees (William). Histoire de Jersey, 1814.
Projets de loi soumis aux États de Jersey.

R

Robertson (David). Observations sur l'histoire des Manks.

S

Shebbeare. Histoire de Jersey.
Société jersiaise (Bulletin de la).
Société royale d'agriculture et d'horticulture de Guernesey (Rapports annuels).
Spencer Walpole. The land of *Home Rule*.
Stafford Carey (Sir P.). Discours sur l'histoire locale. Guernesey, 1870.
Sullivan (John). La féodalité, son origine, ses exactions, ses droits.

TABLE

I

Jersey et le bailliage de Guernesey. — L'écusson de Guernesey. — Les temps préhistoriques. — Le cataclysme qui a formé l'archipel normand . . .   1

II

L'invasion normande. — Rollon. — La clameur de haro. — La reine Élisabeth, duchesse de Normandie. — La conversion des Iles au protestantisme. — Les procès de sorciers. — L'archipel normand refuge de tous les proscrits.   21

III

Les milices jersiaises. — L'attaque du baron de Rullecourt   49

IV

Défense de l'autonomie des Iles par leurs baillis, leurs États, leurs Cours royales   66

V

La langue française, langue officielle de l'archipel normand. — Attachement des populations au français. — MM. Guille et Allès. — Loyale soumission des Jersiais et des Guernesiais au gouvernement britannique. — Le Canada et l'île de Man. 80

VI

Les institutions des îles. — Les gouverneurs. — Le bailli de Jersey et le baillif de Guernesey. — Conflits entre les baillis et les gouverneurs. . . 116

VII

L'île de Jersey. — Les États, pouvoir législatif. — Leurs rapports avec la Couronne d'Angleterre. Abrogation de la féodalité tenue en suspens. — Droit de voter des lois provisoires. 137

VIII

Administration de l'île de Jersey. — Les paroisses. — Les connétables. — Les assemblées paroissiales. — Les comités des États 166

IX

Organisation judiciaire de l'île de Jersey. — La Cour royale. — Le juge chargé de recouvrement des menues dettes et de la répression des moindres délits. — Les assises. — Le barreau jersiais. — Le vicomte. — Honoraires du bailli et des jurés justiciers 180

X

L'ile de Guernesey. — Les produits agricoles de l'ile. — Pouvoirs législatifs de la Cour royale et des États. — Les ligues de réformes. — Les ordonnances de Chefs-plaids. — Les États d'élection 193

XI

Administration de l'île de Guernesey. — Les douzaines. — Les assemblées de chefs de famille. — Les comités des États 234

XII

Organisation judiciaire de l'ile de Guernesey. — Unité de juridiction de la Cour royale. — Le prévôt de la Reine. — Honoraires du baillif et des jurés justiciers. — Le barreau Guernesiais 248

XIII

Les iles de Herm et de Jethou. — Occupation de l'ile de Herm par le représentant d'une banque prussienne. 277

XIV

L'ile d'Auregny. — La Cour et les États d'Auregny. — La douzaine d'Auregny. — Suprématie de la Cour royale de Guernesey. — Le port et les fortifications d'Auregny. 284

XV

L'ile de Sercq, ancien repaire de pirates. — Origine des pouvoirs du seigneur de Sercq. — Les quarante tenanciers. — Indivisibilité de leurs domaines. — Les Chefs-plaids. — Droit de recours à la Cour royale de Guernesey. 296

XVI

Caractère général des institutions des îles normandes. — Sagesse de leurs habitants. — Leur amour de la paix. — Charte de la reine Élisabeth. 308

Auteurs et documents cités ou consultés. . . . 319

ÉVREUX, IMPRIMERIE DE CHARLES HÉRISSEY

www.ingramcontent.com/pod-product-compliance
Lightning Source LLC
Chambersburg PA
CBHW070621160426
43194CB00009B/1337